NOVA REPÚBLICA?

BRASIL OS ANOS DE AUTORITARISMO

análise · balanço · perspectivas

Consultores: EDSON DE OLIVEIRA NUNES, *cientista social (Iuperj)*
LINCOLN PENNA, *professor de história (UFRJ)*
MATINAS SUZUKI, *jornalista (Folha de S. Paulo)*

Coordenadora editorial: ANA CRISTINA ZAHAR

Os Despossuídos: Crescimento e Pobreza no País do Milagre, *Sérgio Abranches*
Televisão & Vídeo, *Fernando Barbosa Lima, Gabriel Priolli e Arlindo Machado*
A Militarização da Sociedade, *Clóvis Brigagão*
A Igreja e o Autoritarismo, *Marcos de Castro* (Prefácio de Frei Betto)
O Golpe na Educação, *Luiz Antônio Cunha e Moacyr de Góes*
Nova República?, *Florestan Fernandes*
O Brasil no Mundo, *Paulo Francis*
A Imprensa nos Anos de Autoritarismo, *Jânio de Freitas (organizador)*
A Política Científica e Tecnológica, *E. A. Guimarães, F. Erber e J. Tavares*
Sociedade e Política, *Hélio Jaguaribe*
O Teatro sob Pressão: Uma Frente de Resistência, *Yan Michalski*
A Reconquista da Terra, *Carlos Minc*
Justiça e Autoritarismo, *F. A. de Miranda Rosa*
Ciência e Universidade, *Cláudio Moura Castro*
A Política Nuclear e o Caminho das Armas Atômicas, *Luiz Pinguelli Rosa*
Economia: Milagre e Anti-Milagre, *Ignacio Rangel*
O Humor, *Cora Rônai entrevista Millor Fernandes*
Carnaval: Da Redentora à Praça do Apocalipse, *Roberto M. Moura*
A Questão Urbana, *Bentcio Schmidt e Ricardo Farret*
Repartição da Renda, *Paul Singer*
Literatura e Vida Literária, *Flora Sussekind*
A Música, *Matinas Suzuki (organizador)*
O Grande Salto para o Caos, *Maria da Conceição Tavares e J. Carlos de Assis*
A Deformação da História em um Regime Autoritário, *J.L. Werneck da Silva*
O Desafio do Cinema, *Ismail Xavier, Jean-Claude Bernardet e Miguel Pereira*

Florestan Fernandes

Nova República?

segunda edição

Jorge Zahar Editor
Rio de Janeiro

1986
Direitos para esta edição contratados com
Jorge Zahar Editor Ltda.
Rua México 31 sobreloja
20031 Rio de Janeiro, RJ

Primeira edição: 1986

Produção *Revisão*: Carlos Alberto Medeiros (copy); Lúcia Mousinho, Robson Ramos, Renato Carvalho (tip.); *Projeto e produção gráfica*: Ana Cristina Zahar; *Capa*: Valéria Naslausky; *Arte-final*: José Geraldo de Lacerda (texto); *Composição*: Ed. Interciência Ltda.; *Impressão*: Ed. Vozes Ltda.

CIP-Brasil. Catalogação-na-fonte.
Sindicato Nacional dos Editores de Livros, RJ

Fernandes, Florestan, 1920 –
F999n Nova República?/Florestan Fernandes. – Rio de Janeiro: Jorge Zahar Ed., 1986.

(Coleção Brasil: Os anos de autoritarismo)

1. Brasil – Política e Governo – 1964-1984. I. Título. II. Série.

85-1011 CDD – 320.981
CDU – 32(81)

ISBN: 85-85061-38-3

Sumário

Advertência

Este pequeno livro teve uma elaboração difícil. O próprio produto final está aquém do que eu poderia e deveria fazer. No entanto, enquanto o dever de servir cresce e se complica, a minha capacidade de corresponder a ele declina. Não há como superar esse dilema. O que ofereço ao leitor é um esboço, ou melhor, a matéria-prima de um trabalho que exigia que me dedicasse a ele por maior espaço de tempo e com maior severidade interpretativa. Mas é o que está ao meu alcance, dizendo tudo em poucas palavras e com singela clareza. . .

Por que, então, me aventuro a divulgá-lo? Ele é uma peça do combate político que venho travando há muito tempo. E se a minha contribuição pode ser considerada menor, o próprio combate não o é. Por isso anuí ao convite de Jorge Zahar e fiz tudo o que podia para demonstrar o significado da presença proletária na revolução democrática, retratando-a com a transparência possível. Em conseqüência, bati muito na mesma tecla, no afã de esclarecer que a "nova república", nascida de uma costela da ditadura, não tem nada a ver com a República Democrática que está sendo construída como uma resposta dos oprimidos aos nossos problemas históricos.

Em sua leitura do texto, minha filha Heloisa elogiou a "estratégia do calidoscópio", que me permitiu apanhar a questão da revolução democrática e proletária "sob diferentes ângulos e sob diferentes ênfases". Essa técnica expositiva provavelmente cansará o leitor. Mas ela é necessária, se não se quiser ficar no plano inclinado de uma análise de desmascaramento unilateral, fixada em um determinado "bode expiatório". O que nos importa, hoje, é o que nos reserva o futuro próximo e remoto, a história que está sendo produzida pelos que sempre foram excluídos e negados. Por aí se decifra o significado maior do movimento popular e proletário na construção de uma autêntica *Nova República* e de uma *nova sociedade* no Brasil.

Agradeço a Heloisa as críticas encorajadoras. Elas foram decisivas para que o livrinho não ficasse na gaveta. Quem sabe se não me cabe, mesmo, o papel desagradável de remexer nas cinzas e de levar até o fim o combate à ditadura, para que ela seja exterminada em seu último e surpreendente refúgio, o da "transição democrática"?

Poá, 3 de outubro de 1985.

I. A Contra-Revolução Interrompida

A "crise da ditadura" coloca-nos diante de um processo histórico revelador: na América Latina, não são só as revoluções que são interrompidas. As contra-revoluções também. As classes burguesas dominantes são impotentes para conduzir as revoluções inerentes à *transformação capitalista*. Ameaçadas (ou supondo-se ameaçadas), elas recorrem ao seu braço armado, implantam uma ditadura civil-militar e fazem a vitória pender para a contra-revolução. Em seguida, descobrem que os mesmos problemas e dilemas sociais que criavam desassossego e inquietação social, colocando as "revoluções burguesas" na ordem do dia, são arraigados e fortes demais para serem resolvidos *dentro da ordem*, sem aquelas revoluções; temerosas das conseqüências e do agravamento das tensões, que as dividem entre si e jogam as facções e estratos das classes possuidoras em campos opostos (pelo menos politicamente), elas dão marcha à ré, recolhem os militares ao quartel e *interrompem a contra-revolução*. É claro que as pressões das massas e das classes trabalhadoras estão na base do malogro e do recuo. Mas é essencial que se note o que ocorre na autofragmentação das "forças da ordem". Impotentes para realizar suas tarefas maiores, de interesse geral e nacional, elas também são impotentes para impor à Nação, contra a vontade e sob a resistência crescentemente organizada da maioria, seus particularismos de classe e seus interesses egoísticos. A interrupção dos dois tipos de processos possui a mesma natureza e significados análogos, pondo a nu a impossibilidade em que se encontram as classes burguesas de se evadirem facilmente do peso de uma herança histórica que se torna dia a dia mais calamitosa e insustentável.

Em vista dessa situação global, é preciso que se dê à "crise da ditadura" (que não é só um desengajamento dos militares do comando do governo) a mesma importância que foi (ou deveria ser) atribuída ao que, por uma ficção, muitos chamaram de "crise da democracia". Não temos aí os dois lados de uma moeda. Quase um quarto de século foi percorrido, ocorreram transformações profundas na economia, na sociedade, na cultura e no Estado – em suma, não está em jogo o mesmo *poder burguês*. O que temos é uma incapacidade crônica, que não é intrínseca à burguesia, mas que nasce das relações da burguesia com a forma dependente do desenvolvimento capitalista, com a prepotência e a insensibilidade do imperialismo diante dos sócios menores da periferia e com as forças sociais secretadas pelo modo de produção capitalista e pela organização social, cultural e política correspondente, quaisquer que sejam as circunstâncias históricas envolvidas. Nenhuma classe social pode criar a história à sua vontade e tampouco pode mover-se no solo histórico existente segundo critérios arbitrários. O que parece "possível", em um dado momento, logo evidenciará que fatos são fatos, trate-se da natureza, da sociedade ou da cultura. O *capitalismo difícil* da periferia opera como um alçapão. Ao revelar seu preço e suas conseqüências, as ousadias encurtam o espaço histórico do movimento burguês, fechado sobre si mesmo, e deixam patente que a transformação da sociedade de classes é incompatível com a acumulação em espiral de privilégios. Por isso, a "crise da ditadura" constitui uma chave para a descrição e a interpretação do que está morrendo no Brasil, tanto quanto do que está nascendo.

A bem da verdade, as elites políticas das classes possuidoras mostraram-se "britânicas" nessa emergência. Reduzidas ao componente essencial comum, as várias reações "conservadoras" e "liberais" continham a mesma decifração: "A ditadura morreu. Viva a ditadura!" Esse componente pode parecer ilógico (e quiçá "infantil" ou "primitivo"). No entanto, ele é substantivamente maduro, racional e ousadamente civilizado no contexto histórico em que opera a imaginação burguesa e em que se desenrolam as práticas capitalistas do "terceiro mundo". A ditadura foi um meio de impedir que a revolução nacional e democrática interferisse "negativamente" (de uma *perspectiva burguesa*, ou seja, univocamente nacional e imperialista) na eclosão do capitalismo monopolista; manter o máximo de ditadura possível, quando esta poderia ser reduzida a pó de traque é, por sua vez, uma forma de "segurar" a revolução nacional e democrática montante, de garantir ritmos lentos, graduais e seguros de *transição política* (um sonho dourado dos militares no poder que os políticos garantiram à perfeição). Ora, não existe só uma *transição*, e esta também não é exclusiva ou predominantemente *política*. Uma ditadura em crise, que logra determinar o que vem depois, assegurando a seus pares e a seus aliados uma *transição* e conferindo-lhe um teor especificamente *político*, é uma ditadura semigloriosa, que amarga uma derrota com sabor de vitória. Se as coisas são assim, algo existe que deve ser desvendado. Os militares sozinhos não poderiam decretar a contra-revolução e dar um golpe de Estado de êxito retumbante. De novo, os militares não poderiam dar marcha à ré sozinhos e, ao mesmo tempo, deixar todo o terreno minado. O mudancismo dócil não é uma esfinge. Ele declara ostensivamente que a contra-revolução foi interrompida no tope e para o proveito dos de cima. O que sublinha que militares e civis dos estratos dominantes das classes altas não romperam as composições que conduziram, primeiro, à ditadura, e, em seguida, a uma mortiça transição conservadora.

Nenhum publicista pode examinar os fatos de uma tal situação histórica ignorando os símbolos equívocos e as ideologias perversas e pervertidas. O reino da política nunca é um cipoal. O cipoal aparece como uma primeira linha de defesa passiva e de engano dos "outros". Quem usa o cipoal não cai em sua armadilha. Pois a ação política real se desenrola por trás dessa primeira linha e dentro de um terreno que se procura resguardar das interferências (e do conhecimento objetivo) dos adversários. Este capítulo busca penetrar um pouco no âmago dos símbolos equívocos, dos gestos vazios, da palavra oca e, também, do sentido da continuidade que se estabeleceu entre a ditadura e a "república" que saiu de seu ventre. Ele permite acompanhar os últimos dias de um desfalecimento, que poderá converter-se em agonia se as "forças vivas" da Nação descobrirem meios eficientes e rápidos de extinguir as metamorfoses assumidas pelo *antigo regime*. Este sobreviveu à desagregação do regime escravista, à implantação do trabalho livre, à traição da República e à chamada "crise da oligarquia", que foi, antes e acima de tudo, uma recomposição generalizada e global do sistema oligárquico, o único que poderia cimentar a elaboração histórica do surto industrial e, principalmente, do capitalismo monopolista. A formação de uma *nova sociedade* (e, portanto, de uma *nova república*) depende de tais forças e de sua eclosão vitoriosa na cena histórica.

Retórica e realidade

O *delírio* se apossou das mentes dos que travaram os combates mais ardorosos nos idos de 60. Ele talou dos dois lados – o do conservantismo e reacionarismo, tão imbricados um ao outro que seria impossível separá-los tanto ideológica quanto politicamente; e o do populismo radical, com o governo janguista à frente, ou revolucionário, tendo à testa Luís Carlos Prestes e as várias correntes de esquerda que desaguavam em vários "ismos", os quais não vem ao caso arrolar. Esse delírio irrompeu como um fato histórico repetitivo (pois ele vem de longe, de uma colônia que se pretendia metropolitana em seus vincos senhoriais e portugueses; e de um escravismo que não se reconhecia como tal, pois entendia que, aqui, a "instituição infame" era *humana* e *católica*, como jamais o fora em outras partes!). O liberalismo, por sua vez, tirava dele a sua seiva (ou a super-hipocrisia em que se fundava), pois não haveria como ajustá-lo sequer ao espaço histórico restrito dos mais iguais do mundo senhorial. . . Na verdade, há uma constante nas transformações da sociedade brasileira: abalada em seus fundamentos materiais, em seus *mores* e em suas estruturas, ela não só liberta eclosões incontroláveis de delírios em contradição – ela exige o delírio como uma forma compensatória de autodefesa do equilíbrio do eu, de preservação de ilusões ameaçadas e de relação neurótica com a ordem social, em convulsão catastrófica mais aparente que real.

Não é um bom procedimento descritivo isolar fatos e práticas que se desenrolam em interação recíproca. Porque, parece óbvio, quando Luís Carlos Prestes afirmava que os comunistas estavam no governo ou Celso Furtado interpretava a situação do Nordeste (e, portanto, a do país) como *pré-revolucionária*, essas manifestações "irritavam" liberais e conservadores e "incendiavam" o pavor dos reacionários. O delírio da direita se media com o delírio do centro e da esquerda. Também existiam formas moderadas de delírio. Quando Ignacio Rangel aconselhava Jango Goulart a se encolher diante da reforma agrária ou o próprio Jango se recusava a assumir a responsabilidade de desatar uma guerra civil – que já comia solta a partir das posições-chaves do Estado e da sociedade civil, comandadas por militares, empresários nacionais e estrangeiros, líderes religiosos e políticos, organismos como a CIA ou a embaixada da superpotência, etc. –, eles encenavam o delírio brando, que iria cozinhar o "governo progressista" em seu próprio caldo, em uma versão centro-esquerda do que iria suceder, mais tarde, no Chile. O delírio, nessa esfera, serviu para obscurecer os fatos e para desviar as forças revolucionárias da sociedade de seu eixo político central. Em segundo lugar, conferiu a liberais, conservadores e reacionários uma oportunidade histórica: podiam aproveitar a fraqueza dos adversários e derrotá-los com maior facilidade, simulando que defendiam o país, a "Humanidade" e a "civilização" da *ameaça comunista*, do "inimigo externo" e do "inimigo interno". A "revolução passo a passo" cedeu lugar à contrarevolução, ao golpe de Estado *manu militari* e à implantação de uma ditadura de extrema direita, protofascista.

Contudo, não me proponho sondar como as formas de delírio se entrecruzaram, se fortaleceram e conduziram, finalmente, a um beco sem saída. Meu objetivo é modesto. Localizar o delírio da extrema direita em seu campo histórico e detectar, por aí, os vários nós cegos, que nunca mais seriam desatados, forjados pelo delírio do pensamento e pelo delírio do discurso, ambos alimentando o moinho de práticas econômicas, culturais e políticas delirantes. Uma sociedade nacional que não possui grandeza e cultiva cegamente a mania da grandeza acaba sendo vítima da mania, pois a grandeza se esvai com o pensamento, a palavra pronunciada ou escrita e a prática perversa ou pervertida. Onde colocar um De Gaulle? Ou um Lenin? Vencer a guerra ou levar a revolução proletária à vitória: o grande homem não cria as condições que infundem historicidade à sua grandeza. Elas existem ou não existem. Grandeza fora de lugar significa ridículo ou catástrofe. Nós tivemos uma dose amazônica de ridículo e de catástrofe nos entreveros entre extrema esquerda e extrema direita e sob o manto autocrático da ditadura. E, acredito, chegou a hora de refletir sobre os delírios, que nos custaram tão caro, daqueles que assaltaram o poder para destruir as limitadas possibilidades, de *uma revolução dentro da ordem*, de calibre curto, que, em sua imaginação exaltada, os obscurantistas delirantes confundiram com o fim do mundo.

Nesse plano, o que se ergue, como um desafio interpretativo, vem a ser o delírio primordial: entender a contra-revolução como *a revolução* e, mesmo, como a *revolução vitoriosa*, que protegia a ordem, a democracia e a religião. Os nexos das ideologias das classes dominantes dos países periféricos com as ideologias das nações capitalistas hegemônicas e sua superpotência são conhecidos. De lá veio, pronta e acabada, uma teoria de desenvolvimento com segurança que punha ênfase no caráter "revolucionário" da modernização, dirigida e graduada a partir de fora. Os cientistas políticos norte-americanos trabalharam extensamente a noção de que os países pobres e atrasados abrem suas vias históricas por meio de "*oligarquias modernizadoras*", que usam a repressão e a opressão para desencadear "mudanças profundas" em seus países. A "teoria" silenciava a respeito de vários pontos essenciais. O mais importante é que tais oligarquias são *modernizadoras* para si próprias e para os centros imperiais. Elas não operam no sentido de provocar o aprofundamento da descolonização, da revolução nacional e da revolução democrática; mas, em direção inversa, de estabelecer as bases econômicas e políticas da "*revolução modernizadora*", promovendo a criação dos elos necessários a formas crescentemente mais complexas e difíceis de incorporação da periferia ao núcleo das economias, do sistema de poder e da organização ideológica das nações imperialistas. Portanto, elas se convertem em elementos perigosos para os seus próprios países, nos quais introduzem medidas repressivas intrinsecamente imperialistas, anti-sociais e antinacionais. O outro ponto importante diz respeito ao sufocamento dos dinamismos espontâneos (por vezes mais ou menos organizados, institucionalmente) de mudança social revolucionária. A modernização, comandada por elites que controlam ou tomam o poder e se aliam com o imperialismo, dissocia a mudança social da revolução. A preocupação número um, aliás, consiste em esterilizar o caráter antielitista, antiimperialista e anticapitalista das tendências políticas revolucionárias da mudança social. Esta passa a ser canalizada para o leito dos interesses da minoria no poder, das classes privilegiadas e de seus aliados (ou amos e mentores estrangeiros). A conseqüência geral é que as forças da contra-revolução tomam as aparências, o vocabulário e as posturas das forças da revolução, na ânsia de deslocá-las do endosso popular. E, através do Estado e de todas as instituições-chaves da Nação, realizam políticas de aceleração da acumulação capitalista (por sua própria essência anti-sociais e antinacionais) e de fusão programada às economias, aos sistemas de poder e às organizações ideológicas dos países centrais e de sua superpotência.

Para o senso comum, essa evolução parece fora de propósito. Como "justificar" que pessoas educadas e treinadas nas melhores escolas do país e do estrangeiro e presas por interesses e/ou por valores a lealdades que excluem (ou deveriam excluir) formas explícitas de "traição nacional" não só atuem individualmente, mas ainda usem todas as oportunidades e todos os mecanismos de poder para engendrar um novo tipo de colonialismo? Como "explicar" que até os militares das posições mais altas da hierarquia e os empresários mais poderosos, das cidades e do campo, adiram com frenesi a uma filosofia econômica entreguista e a uma filosofia política de capitulação passiva à dominação externa? Como "entender" que essa reviravolta se autodefina como "revolução" e se proclame *nacionalista, democrática* e *patriótica*? O delírio não nasce de si mesmo. Ele deita raízes históricas, quando se apresenta como um processo social. Parece que duas razões ajudam a esclarecer o assunto. Primeiro, o fracasso da ideologia burguesa clássica. As burguesias mais fortes da América Latina – e, em particular, a burguesia brasileira – tomou o "possível" pelo "real". Pareceu-lhe que o capitalismo possuía caminhos naturais ou invariáveis de difusão e crescimento. O que foi possível na França, na Inglaterra e nos Estados Unidos e o que se revelou viável na Alemanha (em *condições duras* e singulares) deveria ser possível nas condições da revolução urbano-industrial no Brasil. A realidade negativa patenteou-se como um "choque": a guerra fria colheu as burguesias periféricas dentro de uma vasta rede, cujo manejo ficava no exterior. O "perigo comunista" só podia ser vencido por uma cartada ousada: esmagar o *inimigo*, ao mesmo tempo em que se lograriam meios de desenvolvimento capitalista "seguros" e "crescentes". À perversão ideológica se associa uma perversidade política: as tenazes que apertavam de fora para dentro coincidiam com o medo das tenazes que apertavam de baixo para cima. Na verdade, o laço do controle imperialista foi bem armado e as burguesias dependentes queriam cair no logro. Mas daí resultaram práticas econômicas, sociais e políticas que eram por si mesmas desgastantes e exigiam perversão ideológica e mecanismos coletivos de autodefesa dos estratos hegemônicos das burguesias dependentes. No Brasil, o processo caminhou muito rápido, por causa de uma tradição cultural que vem da era colonial e de um egoísmo entranhado das elites das classes possuidoras. Não havia nada demais em "vender" riquezas que, de outra maneira, ficariam "debaixo da terra"; era vantajoso para o país "importar" capital acumulado e excedente nos países ricos; o Brasil possuía todos os requisitos de uma grande potência e seria possível convertê-lo, com apoio externo apropriado, em *potência intermediária*, o ponto de partida da "Grande Pátria"; assim se desenhava uma revolução pelo "caminho mais fácil" e os que sepultaram (ou pretenderam sepultar) todas as transformações seculares, em difícil gestação, ergueram a bandeira da "revolução", escreveram a sua "constituição" e, com ela ou contra ela, alertaram a Nação de que "a revolução impõe as suas próprias leis".

A questão não consiste em negar que os deslocamentos ocorridos envolviam mudanças de conteúdo revolucionário na esfera da acumulação capitalista, do sistema de produção e de trabalho ou nos dinamismos imperantes na sociedade civil. Essas mudanças foram conseguidas a custos penosos para o Brasil como um todo e, em especial, para a massa pobre e destituída de sua população. Mas, obviamente, não existia uma *consciência de classe burguesa revolucionária*. A revolução burguesa percorreu, aqui, a rota do desenvolvimento desigual periférico: as classes burguesas correram atrás das transformações capitalistas, não as provocaram e conduziram (como é, aliás, a norma na revolução burguesa secundária). A contra-revolução e a república institucional, com sua ordem político-constitucional autocrática (pudera!), tornaram-se necessárias como premissas desse tipo de transformação capitalista. A questão está, pois, em esclarecer essa modalidade de *falsa consciência burguesa*, perversa e pervertida, mas racional e eficiente. Nesse caso, as ideologias entram no circuito do consumo como as técnicas, os valores e as instituições: por um processo de difusão cultural, que se irradia do centro imperial para a "nação hospedeira". Nas nações capitalistas centrais e em sua superpotência, tais ideologias se dissociam das práticas sociais reais e são o reflexo invertido dos valores que elas professam (os estudos de Myrdal e de Hollingshead são exemplares a esse respeito). Os valores existem, como *mores* ou normas ideais, para todos, mas, como possibilidade concreta, só se tornam efetivos para certos estratos sociais de uma sociedade de classes avançada. De outro lado, a contradição entre o sistema axiológico e a estrutura de classes inerente ao capitalismo é insuperável. Esses dilemas se reproduzem com virulência e devastadoramente na sociedade capitalista periférica. A dissociação e a contradição chegam a um extremo tão chocante que as classes possuidoras precisam restringir o *mundo dos homens* – as fronteiras da Humanidade – ao seu pequeno universo social e a usar os demais, a massa da população (especialmente o seu setor majoritário miserável e mais oprimido), como *bode expiatório*. Eles são a fonte e a razão de ser de todos os males: da seca no Nordeste; do atraso econômico; do obscurantismo cultural; da impraticabilidade de um regime democrático, etc. Essa imagem do outro aparece tanto na cabeça de um médico e latifundiário no Ceará, quanto na visão cataclísmica do presente e do futuro de um economista consagrado, como Eugênio Gudin. Como diriam os franceses: *c'est la merde*. O que não é estranho a essa imagem do outro, pois ouvi várias vezes, de um representante notável das famílias de 400 anos em São Paulo, que "o Brasil só tem conserto depois de uma chuva de merda de três meses".

Como sucede com as técnicas, os valores e as instituições: deslocadas de seu contexto histórico imediato, as ideologias ou se sustentam sobre seus pés ou se alimentam das fantasias dos que as absorvem e lhes infundem realidade, isto é, historicidade. Não se estabelece um vazio histórico nem um vácuo moral. Mas é inevitável que surjam tensões psicológicas, morais e políticas. Em vez de a situação de interesses alimentar a ideologia e ambas interagirem entre si criativamente, a ideologia paira nas nuvens da imaginação e do sonho, refletindo em si mesma uma realidade que poderia existir se... Por isso, o contraste entre o *país real* e o *país ideal* é algo concreto e que afeta a consciência de classe dos mandões e sua propensão ao quixotismo. Seu ponto de referência *ego*cêntrico procede do pequeno universo social a que pertencem e da idealização das nações capitalistas centrais e de sua superpotência, que, de fato, nunca estão dispostas a fazer tudo o que os seus aliados fracos da periferia supõem que seja do seu interesse ou necessidade pôr em prática. Por aí se desenha uma dialética da consciência burguesa em muitos aspectos contraposta ao padrão original e, o que é decisivo, muito dependente da retórica. A versão retórica da ideologia é tão decisiva (ou ainda mais) quanto a sua relação racionalizadora ou falsificadora com a realidade. A idéia de "revolução" da direita, na década de 60, e a suposição de que seria viável acelerar a transformação capitalista com "capital importado", sem mais, são exemplos claros. Ninguém quer enganar ninguém. Estava na cabeça dos mandões que eles estariam fazendo uma *revolução* e que essa revolução permitiria engrenar o Brasil aos dinamismos centrais do crescimento do complexo imperial. Tal conhecimento não era só de chefes militares e de grandes empresários; era de economistas, sociólogos e cientistas políticos que produziam a teoria da contra-revolução, assessoravam-na e eram os seus mandarins. Esses fatos patenteiam que a ideologia não se evapora, não se metamorfoseia em pura retórica. Só que, na perspectiva de *nosso solo histórico*, ela só possui realidade mediante sua versão retórica. Os homens não são senhores da fala. O que eles falam toma conta do que eles fazem (ou gostariam de fazer), como uma "imagem invertida" e um "falso fazer" (ou um "fazer de conta"). A palavra volta a ser magia, mas desprendida do rito e do mito. A palavra "revolução" é um "abre-te-Sésamo". *Ela é um ato e um fato*. A política, aparentemente divorciada da ideologia, *é pura ideologia*, uma tentativa de transformar o mundo com "boas intenções", sem alterar a substância das coisas (e a ordem da sociedade).

Na outra ponta do arco, na "luta pela redemocratização", depara-se com o mesmo nó. No âmago da campanha pelas eleições diretas, depois que o PMDB lograra infundir-lhe uma intensidade de massa que o PT não conseguira sozinho, o centro do palco é tomado por uma figura patética, cuja doença e morte empolgaram a imaginação popular. O "presidente", referido por essa crônica generosa como um grande presidente e o único que se imporia como "o maior presidente de todos", não cultivou a "frase revolucionária" de mão invertida, mas tramou o pacto conservador mais ardiloso de uma história riquíssima em ardis. Um pacto com várias pontas. Uma recapturava a integridade da "revolução", afirmando explícita e enfaticamente a intenção de reconduzi-la por sua vocação democrática! No combate à ditadura, o fiel da balança seria dado pelo fulcro político que esta erigira como seu marco histórico. As outras três pontas representavam articulações de interesses econômicos, sociais e políticos. O braço militar se desarmaria, continuando, porém, por trás da *presidência*, como uma retaguarda pronta para o ataque se os "inimigos da ordem" chegassem a se erigir em um obstáculo efetivo. A cúpula política do principal partido da oposição em *aliança democrática* com os liberais do regime, que, finalmente, descobriam que o seu ardor revolucionário renderia maiores dividendos se eles continuassem à testa do governo. Por fim, o braço civil, que se desengajara antes dos militares, deixando o regime sem uma base social de sustentação política, abraçou a composição política que garantia ao grande capital nacional e estrangeiro uma transição sem ousadias e sem turbulências. Isso queria dizer, simplesmente, que a ditadura não seria desmantelada e que ela serviria de guia a uma democratização *sui generis*, que sairia das entranhas do regime, como sangue do seu sangue. Os militares, desde Geisel e principalmente sob Figueiredo, sonharam com essa forma de "transição", que convertia o Brasil em uma imensa bacia de Pilatos.

Não era uma vitória da democracia, era uma nova derrota do republicanismo e um conchavo descarado, o qual escorava a "transição lenta, gradual e segura" que fora arquitetada pela ditadura, mas que os militares e os seus aliados se mostraram impotentes para conquistar em uma fase de declínio de sua autoridade e do seu poder. O delírio, aí, aparece na plenitude da "política tradicional" como uma *obra de arte*. Não chegamos a ter um Maquiavel, mas os vários príncipes da política e das manobras eleitorais aprenderam a tecer um belo quadro de composições inconcebíveis – e Tancredo Neves excedeu a todos! Por isso, queiramos ou não, ele nos põe diante do apogeu de uma tradição cultural e nos obriga a admirar um talento que constrange, uma obra-prima que causa arrepios, um feito que revela o quanto o discurso político se mantém "condoreiro" e a prática política, "barroca", dissociando-se por inteiro de uma cultura cívica solidamente nacional e democrática. A audácia de ir aos últimos extremos para conquistar o poder e a presidência, de agradar a Deus e ao Diabo, e de admitir, para isso, que a política dos fatos consumados crescesse além de todos os limites, tornando impraticável qualquer saída que ultrapassasse a continuidade da ordem existente em sua forma vigente. Portanto, atos e fatos estão entrelaçados ao discurso político *hábil*, que distingue os "homens do poder" dos *outros* e entrega a Nação a um destino miserável e cruel. Getúlio Vargas já foi apontado como o paradigma do "gênio político" ao estilo brasileiro. Contudo, ele não encarnava uma exceção. Foi um dos políticos mais bem-sucedidos na observância daquela tradição cultural, que teve vários pontos altos e encontrou em Tancredo Neves um artífice exemplar. A "política dos notáveis", dos políticos orgânicos do conservantismo moderado, que se acreditam democráticos e humanitários porque não recorrem à chibata, não pretende regredir ao escravismo e se cobrem com um manto de lantejoulas iluministas, seduzindo as massas com as palavras e as minorias privilegiadas com as ações.

É sob esse signo que a *Nova República* se cruza com a existência do homem comum. Ela não rompeu com o passado, remoto ou recente. Não combateu de frente a ditadura. Contornou-a e prolongou-a. Nasceu de seu ventre e foi batizada em sua pia batismal. O Colégio Eleitoral tinha de ser o seu berço e, também, o seu leito de morte. A retórica empolgou a sua defesa, através da indústria cultural de comunicação de massas e da ação rasteira dos políticos profissionais. Todavia, a retórica está sendo desafiada pelos ritmos históricos da sociedade brasileira. Os diques romperam-se em todas as posições estratégicas do poder conservador. O governo que sucede à ditadura nasce marcado por sua ineficiência e impotência. Ele procura avançar na direção do "mudancismo", mas as mudanças que ele apregoa envelheceram e se esvaziaram depois de mais de 20 anos de calamidade ditatorial. Ele busca alianças "populistas", mas é manietado por seu conteúdo ambíguo e por suas impulsões conservadoras. Ele quer mobilizar o apoio popular, mas o faz desmobilizando a prática democrática dos vários movimentos populares (dos proletários, dos estudantes, das mulheres, dos professores, dos favelados, dos índios, dos negros, etc.). Portanto, confunde cooptação com democracia. Ele quer agradar ao grande capital, mas não pode fazê-lo sem destroçar as empresas estatais e semi-estatais, transferi-las para o controle privado (nacional ou estrangeiro) e *escolher o seu caminho*: qual é o seu Deus Mamon? Submete-se pela metade ou por inteiro à batuta do FMI e dos banqueiros internacionais? Enfrenta as decisões, as amarguras e a voracidade dos grandes capitalistas brasileiros ou baila com eles? A realidade caótica atingiu o clímax e já não pode ser exorcizada pelas palavras fortes e por seu eco. A retórica se converteu em um alçapão do pacto conservador e a ressonância do conceito de nova república se extingue no mesmo ato da difusão propagandística. Ela não é política, ela não é séria, ela é o oco de uma ideologia importada e inflada como o sapo da lenda, a pique de estourar.

A que nos leva esta digressão? À conclusão pessimista dos conservadores, segundo a qual o Brasil é desgraçado pelo tipo de gente que o ocupa? Ao contrário, ela coloca a questão da nova República em termos da negação da retórica do maniqueísmo e do delírio. O bonde chegou à estação. A viagem que começa terá de partir do cipoal construído por uma imaginação conservadora perversa e pervertida, que parece ser o seu contrário, mas é exatamente o que deveria ser para que o passado se prolongue no presente e sufoque, antes de se dissipar, o futuro. *A presença do Povo na história* significa o contrário disso, uma liberação pela via dos oprimidos, da luta proletária por transformações reais e substantivas da sociedade brasileira. A ruptura que não se corporificou nem cresceu na década de 60 configura-se, agora, como uma vitória da maioria esmagada contra a minoria dominante. O pacto conservador cortou a trajetória inicial desse processo. Não obstante, está com ele atravessado na garganta. Paralisa-se o governo, paralisa-se a iniciativa privada, paralisa-se a *Nova República*! Só há um meio de sair desse imobilismo, o qual consiste em aprender a conviver com a democratização da sociedade civil, do Estado e das demais instituições-chaves. Deixar correr a revolução democrática e a revolução nacional, até que surja uma República capaz de conter os contrários e de compor as contradições inerentes ao antagonismo entre capital e trabalho. Depois disso, a história encetará outro percurso, sem precisar curvar-se à retórica, ao delírio e ao arbítrio dos donos do poder.

O negativo da ditadura

As ditaduras se constituem e se desintegram de várias maneiras. No caso brasileiro, o "desengajamento" dos militares do comando do governo e da chefia do Estado processou-se da pior maneira possível. Eles não foram derrubados; prepararam uma retirada estratégica da qual e sobre a qual mantêm um controle direto e quase intocável até hoje. Teria sido diferente se o movimento pelo sufrágio imediato alcançasse êxito. Esse movimento, como é conhecido, foi desbaratado pelas forças da cúpula do sistema de poder (nele se incluindo, naturalmente, o PMDB) e do tope da sociedade, mais ou menos empenhadas em evitar um "recrudescimento" (de novo, o delírio e a frase contra-revolucionária) da opressão e da repressão militares. Na verdade, o "movimento das diretas" forneceu uma radiografia política da sociedade brasileira atual. O que essa radiografia revelou assustou os círculos conservadores do principal partido da oposição, impulsionou os "liberais" ou políticos "civilizados" do governo ditatorial a mudar de barco em plena viagem e estimulou os militares da Presidência e de outros órgãos estatais a aproveitarem a oportunidade para se retirarem do centro do palco rumo aos bastidores (resguardando para si, porém, o direito de "guardiães" da democracia emergente!). Podiam proteger-se, assim, a curto prazo; intervir nos acontecimentos de acordo com suas conveniências e interesses; e contrabandear para o novo governo todas as instituições e estruturas do *Estado de segurança nacional* que já estavam montadas e funcionando. Se não tivemos a ditadura mais sangrenta e aguerrida, coube-nos a que ficou mais enquistada nos organismos do Estado e no aparelho do governo.

É mister, pois, que se diga: a ditadura militar sofreu uma derrota, mas é uma derrota que se caracteriza pela autopreservação. As forças conservadoras descobriram, pelo movimento das diretas, que a inquietação social campeava mais solta e mais forte que em 1964. Avançaram no sentido de *uma composição pelo alto*, respeitando o seu braço armado, já que, "em tempos de democracia", ninguém sabe qual será a veneta do Povo. . . Uma retaguarda guarnecida por militares e, em especial, por militares saídos da aventura ditatorial, tisnados por ela e ansiosos por encontrar no "governo eleito", em composição com antigos sócios civis à testa do poder e do comando de partidos importantes, uma sólida garantia de *transição prolongada*. O fantasma do "recrudescimento", "olhe que os homens voltam", etc., é um breque fenomenal, ao qual sucumbem as intenções radicais "responsáveis".

A própria esquerda do PMDB mostrou-se sensível aos efeitos letárgicos dessa fantasia e um *governo de transição sem rumo* obteve uma anuência britânica às suas circunvoluções. . . Uma avaliação global põe a nu duas coisas. Primeiro, as chamadas elites das "classes dirigentes" estão pouco alertas aos "interesses do país": elas querem garantir prioritariamente os seus próprios interesses e aprisionar o governo nas cadeias da tradição cultural. Segundo, apesar da miséria, da inquietação social e do desemprego, as massas populares ainda não encontraram os meios de luta política organizada mais eficientes para os seu propósitos: ficam à mercê de envolvimentos que fortalecem os seus adversários e mantêm o *statu quo ante* com pequenas modificações. O governo bamboleia, mas avança, beneficiando-se de uma situação de imobilismo parcialmente forjada e parcialmente produto natural das condições históricas.

O ponto crucial dessa discussão está no *quantum* de ditadura militar que resta ativo. Uma derrota líquida e definitiva do governo ditatorial teria exterminado o corpo institucional da ditadura e eliminado uma vasta porção de pessoal recrutado com base na identidade política, ideológica e policial-militar com o fascismo enrustido. Um esboroamento não produz o mesmo resultado. O aparato institucional da ordem ilegal continua tendo vigência, inclusive a constituição que foi ditada com o propósito de criar um Estado de segurança nacional típico da periferia, com todos os recursos modernos do Estado capitalista de hoje. Essa constituição foi expurgada dos atos institucionais; e várias medidas tomadas pelo Congresso permitem iniciar um processo novo de passagem para um "Estado de direito". No conjunto, as elites políticas fizeram o mínimo possível para erradicar a ordem ilegal implantada pela ditadura. Tanto os políticos profissionais quanto os interesses do grande capital nacional e estrangeiro temem mudanças rápidas, que, pelo seu próprio dinamismo, podem escapar ao seu controle direto. Por isso, assistimos a um jogo de cabra-cega no qual ninguém está no lugar certo, pois não existe lugar certo para ninguém ficar. . . inclusive o governo! Tem-se atribuído a responsabilidade por esse desfecho a Tancredo Neves. Ele teria levado para o túmulo o segredo de uma arquitetura política rebuscada e impraticável sem sua presença. Ora, essa explicação é infantil. O que paralisa o governo é o choque de interesses de facções políticas dentro dos partidos da AD e as divergências inconciliáveis entre os partidos que a compõem. As classes possuidoras, em seus estratos decisivos e poderosos, não estão dispostas a arcar com os "riscos" de uma democracia de verdade e manietam o governo, que se vê forçado a procurar "aliados para baixo", não para valer, mas para assustar sua própria base social e desemperrá-la. Se há aí um segredo, é um segredo de polichinelo. O "mudancismo" de superfície não encontra endosso nas classes dominantes, e o governo simula ultrapassá-las para ganhar flexibilidade e vitalidade. Mas ninguém se abala com isso. A parte fraca não são as classes dominantes e sim o governo. . .

Portanto, malgrado o fato de o governo ter herdado o complexo institucional da ditadura e o grosso da sua administração; e apesar de, em grande parte, os políticos de proa serem os mesmos nas posições-chaves, o impulso mais forte de preservação da estrutura ditatorial vem de fora. Se existe um "recrudescimento" militar invisível, ao que parece ele perde para o pânico burguês e o "endurecimento" do furor político das classes dominantes. Como ocorreu de 1962 a 1964, as classes burguesas buscam uma saída barata, e esta só pode ser proporcionada por um "governo forte". O governo que aí está não é forte e se vê desorientado por essa pressão externa inesperada. Afinal, o pacto das elites consagrava um estilo de fazer política e garantia uma transição "equilibrada", isto é, "sem anarquia" e sem "desestabilização da ordem". No ínterim, o movimento pelas diretas e as "liberalidades" (provocativas?) do atual governo ressuscitam a paranóia da revolução social. E isso ocorre em um contexto sufocante. A descompressão lança os operários e os bóias-frias às ruas e à ocupação de fábricas ou de fazendas – a sociedade civil parece ferver e prestes a pegar fogo, pelas pontas que já eram esperadas. A inquietação burguesa sobe, enquanto a cotação do governo para a grande burguesia cai. Para conquistar vantagens relativas, os grandes empresários nacionais precisariam abocanhar as empresas estatais, dispor de uma política amena e gradativa de tratamento da dívida externa (uma composição com o FMI e os banqueiros internacionais) e uma reviravolta séria do governo diante da amortização da dívida interna. Tudo isso é impraticável, pois o sócio estrangeiro é mais forte e paralisa o governo e, doutro lado, a pequena burguesia, as classes médias e, principalmente, as classes trabalhadoras investem na direção contrária, imobilizando o governo.

A moldura histórica e o retrato são igualmente trágicos. Por paradoxal que seja, a turbulência concentrada vem de cima e se multiplica velozmente graças ao poder real dos ricos e poderosos. Por sua vez, a turbulência dos de baixo adquiriu outro caráter. Ela se tornou persistente e contínua, como uma chuva fina. Não há como arredá-la. A compressão ditatorial forçou o aparecimento e a consolidação de órgãos de base que permitiram e deram eficácia às comissões de fábrica, aos comitês de bairro, às associações de camponeses e favelados, à politização parcial ou global de escolas de samba e associações recreativas, convertidas em frente de luta popular, do protesto negro, etc. Se o governo possuísse uma política unificada de democratização da sociedade civil, do controle do Estado e da participação popular, poderia equilibrar-se na corda-bamba e sair por dentro da sua própria capacidade de ação e de intervenção, reconhecidamente muito forte na tradição presidencialista brasileira. Todavia, ele não possui uma política: é um conciliador de políticas antagônicas, de interesses do capital nacional e estrangeiro em conflito. Como não pode criar *a sua política*, é dilacerado e inviabilizado pelas políticas que é obrigado a absorver, mas não pode digerir, articular e pôr em prática. O máximo que logra consiste em neutralizar as pressões que vêm de baixo e em contemporizar com as pressões que vêm de cima. A atuação dos ministérios do Trabalho e da Educação exemplificam o primeiro ponto. O governo avança até uma posição de neutralidade aparente "favorável" aos operários e aos estudantes. Rouba-lhes a iniciativa dos movimentos e converte o debate espontâneo nas bases em "estudos de cúpula", de comissões técnicas. Sob a aparência mais democrática possível, autocratiza a solução dos problemas e desmoraliza os próprios movimentos por meio de formas explícitas de cooptação governamental. A reforma agrária exemplifica o segundo ponto. Um diagnóstico correto serve de pano de fundo para a proposição de medidas práticas anódinas. O sinal era claro. O governo buscava *apoio popular* sem arriscar os interesses fundamentais dos proprietários. Uma barragem de fumaça, que estes fingem não entender. Pois aproveitaram melhor a oportunidade para consolidar a sua propriedade sobre a ordem estabelecida e o seu governo. . . A massa reacionária da burguesia entendeu bem a manobra e avançou coesa no massacre dos "radicais" afoitos do governo e da oposição. . .

Em suma, estamos diante de uma situação histórica clara. Não é o governo que pretende impor um "retrocesso". É a estrutura de classes da sociedade civil sob o capitalismo selvagem que não comporta um "avanço". As classes dominantes precisam de um Estado forte para preservar a ordem e reproduzir o seu poder real. Elas não se dão bem com um presidente que hesita e com um governo vacilante, que oscila (ou parece oscilar) da direita à esquerda. De um lado, elas fincam pé na tradição cultural: se as outras classes desejam a democracia, que a conquistem. Cabe-lhes o privilégio da supremacia econômica e do despotismo político. Portanto, elas lutam com afinco por um presidencialismo de corte ditatorial, no qual à democracia para os de cima se superponha uma ditadura dissimulada para os de baixo. Sempre foi assim e não há por que mudar. . . (a não ser as "aparências constitucionais")! De outro lado, as classes dominantes perderam a confiança na ditadura, mas continuam a necessitar de um Estado semiditatorial, ou completamente ditatorial, para lidar com os descontentes, com as inquietações sociais, e para resolver com maior facilidade os problemas nascidos de um capitalismo de essência política, de rapina e de rapinagem, incrustado no Estado e criatura dele. Acresce que o capital estrangeiro e as nações imperialistas também temem a "instabilidade política". O que uniformiza (se não unifica) a convergência no tope em favor de um *Estado forte*, de uma democracia dócil e instrumental aos mais iguais. Essa moldura paradoxal ressalta de onde procede a "fraqueza" do governo; e porque, tornado situação, o PMDB teria de trair a sua pregação democrática. Os de cima não se abrem sequer para a *revolução dentro da ordem*, a revolução que se sustentaria em transformações capitalistas necessárias, embora tardias (naturalmente, tendo-se em vista outra forma de desenvolvimento capitalista – não o desenvolvimento capitalista que já foi qualificado como "perverso", típico do capitalismo selvagem). Revolução, para eles, *é revolução*: tanto faz que seja dentro da ordem ou contra a ordem. Cumpre estancá-la e impedir que uma fomente o aparecimento de condições favoráveis à outra. E a função crucial do governo consiste exatamente nisso. Ele contém o braço político e o braço militar da burguesia. Deve empenhar-se para que a ordem "não sofra abalos" e para que as classes dominantes não se vejam ameaçadas em sua capacidade de exercer em toda a plenitude a sua dominação de classe.

Houve um momento no qual parecia que a grande vitória da ditadura (e dos conservadores) fora alcançada quando se concertou o pacto político pelo qual a escolha do sucessor do general de plantão na Presidência se transferira definitivamente para o Colégio Eleitoral. Hoje já se pode discernir que a vitória de militares e civis empenhados na "transição lenta, gradual e segura" apresentava um leque de desdobramentos e vergara todas as forças oposicionistas. Determinar o sucessor e as condições políticas da "transição" constituíam dois objetivos centrais, mas não os mais importantes. O essencial consistia (e ainda consiste) em impedir um *deslocamento de poder*, com uma acumulação de forças políticas acelerada das classes subalternas. O que os militares temiam era ainda mais temido pela massa reacionária da burguesia. Trocar a ditadura por um governo de "conciliação conservadora" era uma barganha imprevista, que o sistema de poder e de propagação ideológica da burguesia fortaleceu com estardalhaço por todos os meios possíveis (conferindo, inclusive, à campanha eleitoral de Tancredo Neves o estatuto de um movimento de salvação nacional). A partir daí, o PMDB perdera a capacidade de afirmar-se numa linha de combate coerente pela democracia e adernou à direita, arrastando na queda sua "esquerda parlamentar" e sua riquíssima irradiação popular. O antiditatorialismo passou por um processo análogo ao esvaziamento do republicanismo, provocado pela aliança dos fazendeiros com os "republicanos históricos". Os touros ficaram soltos na praça. Mas não havia toureiros. Os próceres do PMDB ocupavam-se em "matar as cobras com o próprio veneno", enquanto estas mudavam de covil e se instalavam confortavelmente entre as cobras que infestavam o PMDB. Em seu clímax, o movimento político popular sofrera um golpe mortal. A "transferência de poder" converteu-se numa troca de nomes e, como afirmou um notável comentarista político, as velhas e as novas raposas aplainaram o caminho que levava à satisfação de seus apetites.

Esse era o desdobramento que mais convinha às elites econômicas, culturais e políticas das classes dominantes. Esvaziar a praça pública, recolher as bandeiras políticas "radicais", matar no nascedouro o movimento cívico mais impressionante da nossa história – restaurando de um golpe as transações de gabinete, as composições entre os varões "liberais" da República, o mandonismo político. Não há que negar: as figuras de proa, como Tancredo Neves, Ulisses Guimarães, Marco Maciel e Aureliano Chaves à frente, lavraram um tento. Exibiram um profissionalismo político de causar inveja. E tiveram êxito. O que consagra a ação política é a vitória. Vitoriosos, eles demonstraram o seu valor e a sua competência. E a Nação? Esta foi inapelavelmente empurrada da estrada principal! Moldura e cenário de uma restauração específica, que nos coloca metade na década de 20 e outra metade na década de 40. Mais que a eleição direta de um presidente, perdeu-se a oportunidade histórica única de usar o rancor contra a ditadura e a consciência geral da necessidade de *mudar profundamente* como o ponto de partida de uma transformação estrutural da sociedade civil e do Estado. E se ganhou uma mistificação monstruosa: a montagem política e ideológica de um *Frankenstein*, batizado de *Nova República* e trombeteado pela cultura da comunicação de massa como uma "vitória do Povo na luta pela democracia"!

Poder-se-ia dizer que se realizou uma "operação semântica". No entanto, nem isso é verdadeiro. Um embuste é um embuste — e não uma operação semântica. A montagem é a realidade. Ela traduz o que as elites podem fazer no plano das atividades políticas esterilizadas e *sem risco*. Um Frankenstein arquitetado, segundo dizem, por um homem de grande talento político, mas que punha a conquista da Presidência acima de tudo. Um Frankenstein concebido para dar a vários Césares o que pertence a todos eles. Os militares reservaram-se a sua parte e prefixaram o seu "peso político" em termos do papel das Forças Armadas na política de segurança nacional. Os "liberais" com servidões conhecidas ou ocultas à ditadura cobraram caro o seu amor à causa pública e à "restauração da democracia". Os vários grupúsculos e as diversas facções do PMDB agiram pelo mesmo padrão. Os empresários e as associações empresariais garantiram-se alguns ventríloquos, o mesmo fazendo o grande capital estrangeiro. E por aí afora. A pulverização do governo tem sido apregoada como uma conseqüência do advento da democracia! Contudo, esta está hoje mais distante do que sob os dois últimos períodos da ditadura, pois se torna difícil combater por algo cuja visibilidade é opaca. . . Um grão-vizir do regime ditatorial viu-se com o curul presidencial nas mãos. E tenta agradar a gregos e troianos, na ânsia de obter algum endosso ou uma faixa de poder para si próprio. O que isso quer dizer? Aproximamo-nos da democracia? Enterrou-se a ditad se implantou uma República democrática efetiva? A respo: óbvia. A pulverização gerou vários centros de comando e de to das de decisão. No lugar de uma ditadura unificada pelo fuzil c tra-revolucionário, temos uma miríade de pequenas ditaduras, zelozas pela consolidação de absolutismos nanicos desarticulados entre si.

Esse governo débil não é nem pode ser democrático. Ele deixa passar as correntes fortes do poder real e, algumas vezes, luta por uma visibilidade política favorável nas classes trabalhadoras e camponesas. Portanto, só pode ser instrumental como um *governo de transição* dos de cima. Sua fraqueza e seu imobilismo constituem um risco potencial que as elites dirigentes das classes dominantes têm de pagar para não perderem terreno em um momento adverso. Ele não conduz uma cruzada contra a herança da ditadura nem se movimenta contra a tradição cultural centrada na democracia dos poderosos e dos mais iguais. Faz um jogo de paciência e de desarticulação das classes trabalhadoras e dos setores rebeldes da sociedade. Põe no seu haver iniciativas que lhe dão visibilidade democrática (ou, pelo menos, "democratizante" e "populista"), como a legalização dos partidos comunistas, a moderação diante das greves ou da necessidade de uma nova regulamentação do trabalho, dos sindicatos e das greves, a simpatia diante da reforma agrária, etc. Tais medidas fazem parte do jogo de paciência. De um lado, elas são desmobilizadoras e centralizam a tomada de decisão no tope político (ministerial e presidencial). De outro lado, ao mesmo tempo em que busca alargar a sua base social de sustentação política, o governo compele os estratos mais ou menos conservadores da burguesia a procurar nele o seu eixo privilegiado de equilíbrio político. Nesse sentido, o atual governo não é o oposto da ditadura, mas a sua reprodução fragmentada e compartimentada. A estratégia nascida do pacto conservador não tomou como ideal a República democrática da era atual. Perfilhou o caminho das composições de interesses, o que redundou, naturalmente, em um estágio no qual o poder ditatorial se prolonga com eficácia em vários segmentos contíguos. Como a ordem ilegal construída pela República institucional não foi destroçada, a parte e o todo infundem ao cenário histórico uma aparência fantástica. Cada César maneja o seu pequeno despotismo e, às vezes, nem sequer tenta ocultar as coisas ao presidente, o Supercésar. É natural que isso aconteça. Pois a ditadura teria de ser morta no corpo da sociedade civil, não na cabeça do Estado.

A democracia é uma realidade histórica a conquistar. Um governo saído da "conciliação pelo alto" – além disso, em termos políticos, "fraco" e "barato" – não pode incluir-se no rol dos fatores capazes de dar sustentação, profundidade e maior rapidez a tal processo. Outrossim, a rede de instituições especificamente políticas também é débil. Elas foram violentadas pela ditadura, adaptaram-se a ritmos e a estilos de funcionamento mais ou menos incompatíveis com qualquer forma política de democracia real. O Congresso e os partidos existentes, especialmente, não são as armas desejáveis para a envergadura e a complexidade da dura luta de classes que está sendo travada neste instante entre burgueses e proletários e para a construção de um regime democrático pluriclassista. Não houve tempo de expurgar um e outros dos vícios e deformações instituídos pelo regime ditatorial, embora neles esteja a base para o arranco da elaboração de uma República democrática multipolarizada. O Judiciário, por sua vez, vergou demais às injunções da República institucional ou autocrática, e só avançará mais lentamente, sob pressão das forças em choque na sociedade civil e dos efeitos instabilizadores que forem liberados pela transformação do Congresso e dos partidos. De qualquer modo, quebrou-se a soldagem no tope entre Executivo, Legislativo, Judiciário e sistema de partidos. Desapareceu o elemento central que unificava ditatorialmente o poder político e permitia a centralização do poder político indireto das classes dominantes. Essa alteração parece ser a mais importante de todas. O "desengajamento" dos militares e sua retração para a retaguarda do "poder civil" estatal pressupõem um deslocamento histórico que priva as elites econômicas, culturais e políticas das classes dominantes de uma centralização artificial de seu *poder de classe*. Elas ainda continuarão a contar com o Estado como um instrumento estratégico de autodefesa coletiva e de estancamento ou amortecimento das mudanças políticas da ordem existente. Não contarão mais, porém, com um Estado automaticamente soldado à defesa de seus interesses particularistas e com um excedente de poder político que lhes possibilitava uma supremacia de classe quase invulnerável.

Isso significa que a fragmentação do poder estatal que está ocorrendo com certo ímpeto debilita o tope da sociedade e sua capacidade atual de controle e utilização do aparelho do Estado. Sob a ditadura, a fragmentação seguia linhas determinadas (por exemplo, as que se impunham como premissa da concentração da autoridade e de certos papéis executivos em um organismo próprio; as que se relacionavam com a programação político-militar do desenvolvimento capitalista de uma "potência intermediária"; as que se impunham como condição *sine qua non* do livre fluxo da corrupção e das negociatas; as que constituíam o requisito da diferenciação e do crescimento dos organismos especiais necessários a um Estado repressivo e terrorista, etc.) e era simultaneamente inibida e dirigida pela *razão política ditatorial*: além de certos limites, a fragmentação tornaria a ditadura impraticável. Sob o "governo de transição", existem múltiplos focos incontroláveis de fragmentação do poder político-estatal, situados dentro do Estado, operando no seio dos quatro poderes (o Executivo, o Legislativo, o Judiciário e as Forças Armadas) e no âmbito da sociedade civil (e, nesse caso, de forma contraditória irredutível). Portanto, se não existe uma *democracia*, há um caos fecundo, que tanto poderá favorecer o seu aparecimento e consolidação quanto poderá contribuir para uma regressão (hipótese menos provável). Retendo-se os aspectos positivos da situação: fica claro que, se não existe uma liberdade política com fronteiras institucionais reguladas, há pelo menos um campo aberto às mais variadas formas de luta política. *Depois do Colégio Eleitoral*, a ditadura não só entrava em declínio – ela negociava as condições de seu desaparecimento "gradual" e "barato" (do ponto de vista dos militares e civis que barganharam com o poder e estavam empenhados em impedir uma *argentinização*).

Esse ponto é deveras relevante e provocativo para os analistas do presente. Já não vivemos sob a meia ditadura e a promessa de democracia que pairavam no ar sob os consulados de Geisel e Figueiredo. O que fica de ditadura, aberta ou ocultamente, é insuficiente para conferir ao "governo de transição" a capacidade de se mover autocraticamente ou, pelo menos, de resistir com êxito e impunemente às pressões das forças sociais democratizantes e democratizadoras da sociedade civil. O que evidencia que uma das fronteiras decisivas da luta política é psicológica e qualitativa. É necessário arriscar-se, travar o combate democrático essencial, perder ou ultrapassar o medo. Em suma, não admitir o imobilismo forjado pelo "governo de transição" e pelas elites políticas militares e civis, conservadoras ou reacionárias. Não que eles sejam equivalentes funcionais do *tigre de papel*. A situação histórica alterou-se e os rumos da evolução política também, pois agora pode ser influenciada por todas as forças sociais contraditórias e pelo livre jogo da luta política. Isso desvenda novos horizontes para a transformação da sociedade civil e do Estado. Os proletários das cidades e do campo, a pequena burguesia enraivecida, as classes médias insatisfeitas, os setores mais ou menos radicais das classes altas – enfim, todos os que se batem pela revolução democrática podem (e devem) avançar na direção da conquista de uma sociedade civil *civilizada* e de uma República *democrática*. O assim chamado "entrismo" e o espírito de "conciliacionismo" a qualquer preço como medidas de "defesa da democracia" não resguardam os interesses das classes trabalhadoras e os objetivos dos seus partidos. Ao contrário, oferecem quase de graça um respiro às classes dominantes e à sua estratégia de explorar a transição *lenta, gradual* e *segura* como um expediente para montar um *Estado de segurança nacional* com as aparências de um "Estado de direito".

Ver o presente em termos obsessivos do passado constitui uma deformação da ótica política. O passado não pode ser ignorado e tampouco subestimado. Todavia, se a *massa reacionária* da burguesia tivesse a faculdade de "interromper a história" ou, pelo menos, de construir a ditadura de seus sonhos, a contra-revolução não teria sido interrompida. Os que dizem "os homens estão aí", "os militares estão prontos para fazer o que der e vier", "nada mudou", etc., exageram os fatos – e o fazem atribuindo à *massa reacionária* da burguesia um poder real que ela efetivamente não possui. Há um enlace dialético entre passado, presente e futuro; o futuro está embutido em nosso presente tanto como contra-revolução quanto como revolução. É necessário não perder isso de vista, obviamente porque esse é o caso no Brasil atual. "Os homens estão aí" (Sarney na Presidência, os militares por trás do trono, a AD manejada por remanescentes e herdeiros da ditadura e o PMDB escamoteando ou traindo as suas promessas, etc.), mas eles enfrentam *os outros*, os que constroem o Brasil de hoje e lutam, organizada ou desorganizadamente, pela democratização da sociedade civil, do Estado e do estilo emergente de vida social. Os que lutam pela *nova* sociedade civil e pelo *novo* Estado não estão interrompendo ou freando a descolonização, a revolução democrática e a revolução nacional. Ao contrário, eles estão construindo um futuro que nasce da *transformação substantiva e revolucionária* do presente. Esses *outros* também são *eles* (ou melhor: *nós*). *Nós* estamos aqui. Cabe-nos impedir que o passado se prolongue e se reproduza no presente e faça do futuro uma reprodução ampliada (e renovada) do passado, ou seja, cabe-nos extinguir uma forma de barbárie que deveria ter desaparecido com a escravidão ou com a Primeira República. Esse é o busílis do raciocínio político que não se confunde com a "conciliação nacional". Os que interromperam as "revoluções capitalistas" e, depois, também interromperam a contra-revolução que gerou a República institucional devem ser lembrados. Mas para que os seus erros não se repitam e para que o nó górdio da revolução democrática seja efetivamente cortado.

O capitalismo pode lançar raízes e se desenvolver, na periferia, com base em modos de produção pré-capitalistas e subcapitalistas. Além disso, todas as modalidades de exploração que se expandam na periferia sempre encontram limites naquilo que chamei apropriação dual do excedente econômico. Esse conceito é equívoco porque, com freqüência, o colonialismo, o neocolonialismo e a dependência sempre envolvem mais de um centro explorador, operando em parceria com o centro imperial dominante (em termos políticos e "jurídicos" e, também, econômicos). É preciso ver o que está por trás do centro imperial e detectar as malhas da exploração colonial direta ou indireta e das diversas modalidades de neocolonialismo e de dependência. O que importa – e se tornará visível à explicação econômico-dialética, como K. Marx estabeleceu com referência à Índia – são as potencialidades de desenvolvimento de uma determinada região da periferia, em particular as probabilidades do aparecimento das premissas da formação do modo de produção capitalista em sentido específico, do regime de classes sociais e do Estado moderno. Muitas vezes, essas probabilidades não existem (constituem uma "ilusão de modernidade" dos povos de origem colonial); outras vezes, elas florescem irregularmente e de maneira descontínua, concentrando-se em certas cidades ou em verdadeiros "enclaves da civilização".

Tudo isso aparece, hoje, como uma discussão pouco relevante. A teoria do desenvolvimento capitalista desigual e associado serviu, quando menos, para mostrar que o fluxo da modernidade da periferia nem sempre estava onde se poderia encontrar: nas semelhanças profundas com as sociedades capitalistas centrais.

A ausência dessas semelhanças, ao contrário, engendrou a modernidade peculiar e revolucionária de nações como a Rússia ou a China. Muito presas à Europa e aos padrões europeus de autoavaliação, as Américas primaram por manter esperanças que nunca se concretizaram, pois suas histórias sempre cultivaram e cultuaram as referidas ilusões de modernidade. Somente dois países romperam, de fato, com essas ilusões: os Estados Unidos, pela rota capitalista, e Cuba, pela via socialista. Em ambos os casos, o que tornou possível tais evoluções foi a *ruptura com a dominação externa* e a conquista de certa autonomia interna, nos níveis econômico, cultural e político (ou pelo menos na esfera política). Os principais países da América Latina ficaram presos à apropriação dual do excedente econômico (ou seja, drenaram para o exterior grande parte de suas riquezas e de sua capacidade de decisão, e se viram impotentes para levar a descolonização, a revolução nacional e a revolução democrática aos limites que permitiriam a autonomização relativa do desenvolvimento capitalista ou a escolha da alternativa socialista de transformação da economia, da sociedade e do Estado) e ao ciclo sem fim das "revoluções interrompidas". O que quer dizer que o capitalismo falhou, até agora, como fonte de solução para "os problemas da região" e que as estratégias montadas no exterior, para garantir "o desenvolvimento com segurança", não provocaram os efeitos esperados por seus idealizadores.

O que nos interessa, aqui, não é esse vasto tema – que aliás tem sido objeto de várias análises sociológicas, históricas, antropológicas, econômicas, geográficas e políticas –, mas como ele se desdobra nos últimos 20 anos da história do Brasil. A estratégia do "desenvolvimento com segurança" encontrou condições históricas mais propícias em países com maior porte econômico e maior facilidade de incorporação aos dinamismos da economia capitalista monopolista mundial. O Brasil viu-se nessa situação: a incorporação forjava novas bases para a expansão e o funcionamento em bloco de uma *economia capitalista avançada*. Portanto, deu-se algo paradoxal, uma "ironia da história". Enquanto uma contra-revolução lançava por terra a continuidade das "revoluções capitalistas", o desenvolvimento capitalista espontâneo (através da modernização tecnológica concentrada, da industrialização maciça, dos dinamismos do mercado de trabalho, dos movimentos internos do excedente de população, da diferenciação, crescimento e disseminação do consumo em massa, etc.) repunha na cena histórica todos os fermentos e dilemas sociais que a ditadura pretendera eliminar pela força bruta. As elites econômicas, culturais e políticas das classes dominantes tentaram submeter a história ao seu *despotismo esclarecido*. Mas a história escapou-lhes entre os dedos e escancarou todas as portas a velhos e novos fantasmas. A burguesia tem pela frente os dilemas sociais que não conseguiu resolver sob o perrepismo, o varguismo e o populismo, agravados pela ação do tempo e pelo surgimento dos problemas mais complexos, nascidos da passagem do capitalismo competitivo para o capitalismo monopolista, bem como pela forma neocolonial de dependência, encadeada ao imperialismo da era atual.

Terminou o baile de máscaras. Burgueses e proletários defrontam-se em uma *nova cena histórica*. Antigas instituições e velhas estruturas ainda estão presentes. Mas elas perderam toda a eficácia, pois nem mesmo o regime ditatorial retirou delas um rendimento positivo compensador. Mesmo os que se têm (e também são tidos) como os "revolucionários liberais, bem-intencionados" descobriram que "a revolução falhou". Segundo Tancredo Neves – no momento eufórico do pacto que o levaria à vitória no Colégio Eleitoral –, ela descumpriu sua promessas democráticas (*sic!*). Na verdade, a organização da economia e da sociedade se alterou e impõe alterações equivalentes (ou ainda mais profundas) na organização da cultura e do Estado. Alguns aspectos dessa realidade precisam ser tocados nestas páginas para que se possa delimitar objetivamente por onde passa e aonde nos conduz a história que emerge da luta de classes nos dias que correm. Não se trata do jogo de intenções de burgueses e proletários. Mas do terreno histórico que se desvenda inexoravelmente através de mudanças tardias que, agora, cobram um preço ainda mais alto do que em fins da década de 50 e início da década de 60. Desejem-nas ou não, os burgueses têm que aceitar essas mudanças ou se disporem a enfrentar "constrangimentos" e "deslocamentos" que culminam em rebeliões incontroláveis e em revoluções insondáveis.

Os "fatos cruéis" da história oferecem uma nova perspectiva para o entendimento do presente e a avaliação do futuro. Os de cima sempre ditaram que *tipo de democracia* convinha à sociedade brasileira (com freqüência, qual era a democracia de que necessitavam em seu comércio recíproco). Ao que parece, as coisas já não se moldam de acordo com esse figurino. Os debaixo voltaram à tona e à cena histórica, só que com maior ímpeto que em 1930 e nas duas décadas mencionadas. *Ainda não estão organizados ou suficientemente organizados*. Contudo, sua presença e, especialmente, sua disposição de combatividade apresentam-se como inquietantes e ameaçadoras, mesmo para os conhecidos "representantes liberais" da mentalidade burguesa. A "questão da democracia" caiu no âmbito das decisões que possuem múltiplas faces e exigem o concurso de vontades concorrentes ou exclusivas. Isso não pode mais ser contornado pelo jeitinho "conciliador". Este foi em grande parte pelos ares e a conciliação deixou de ser uma via de mão única, trilhada apenas pela "gente válida", pelos "donos do poder". As premissas dessa questão tornaram-se as mesmas que as da implosão de um modelo arcaico e excludente de sociedade civil. Entramos, pois, em uma era de ritmos históricos fortes e ricos, que promete, finalmente, o desencantamento da revolução democrática. À nova sociedade civil em elaboração corresponde uma nova democracia, na qual os proletários e os oprimidos possuem muito o que dizer e o que fazer. Ela não surgirá em um *fiat*. Mas essa é a regra. A história dos homens é longa, oscilante, tormentosa...

A crueldade dos fatos

O conhecimento de senso comum perde-se, com freqüência, em presunções que parecem "seguras" e são "incertas" quanto à dinâmica de uma "sociedade moderna". Os *notáveis*, cuja versão atual seriam os tecnocratas, os cientistas sociais "neutros" e toda a rede de intelectuais que compõem os vários esquadrões civis e militares dos servos do poder, sempre cometeram equívocos sobre os efeitos imprevistos da mudança social provocada e, em escala ainda maior, sobre aquilo que poderíamos descrever como mudanças não-antecipadas, resultantes de interferências "programadas" na organização e dinamismos da economia ou de outras esferas da civilização. O Brasil possuía várias aparências de uma sociedade industrial moderna (ou de uma "sociedade burguesa", de uma perspectiva européia). No entanto, faltavam-lhe os fundamentos mesmo desse tipo de sociedade, pois o tope era muito poderoso, ultraconservador e egoístico, carecendo de uma "cultura cívica" autêntica; e as massas tinham poucas probabilidades de participação econômica, cultural e política, não exercendo influências decisivas sobre a vida pública ou só tendo acesso a tais influências por intermédio das classes dirigentes e dos seus mecanismos de poder e dominação de classe. As transformações ocorridas, especialmente entre a última década do século XIX e o fim da Primeira Grande Guerra, converteram a industrialização em um processo social (ou seja, um processo dotado de estabilidade, capacidade de diferenciação contínua e suficientemente forte para infundir à urbanização, pelo menos em algumas grandes cidades, um caráter novo). Essas transformações foram ampliadas e consolidadas em seguida, graças ao crescimento paulatino da urbanização, ao aumento progressivo (embora lento) do mercado interno, às oportunidades trazidas pela ação direta do Estado no desenvolvimento da indústria pesada e de base, pela indústria de substituição de importações no contexto da Segunda Grande Guerra e dos deslocamentos das fronteiras do modo de produção dos centros imperiais para a periferia, nos quais o Brasil se viu extensa e profundamente envolvido nos últimos 40 anos. O painel é conhecido. O que se costuma ignorar é que ele resultou em *uma revolução pelas estruturas* do modelo de desenvolvimento capitalista.

Em síntese, a história não se alterou pela área mais superficial dos acontecimentos e das preferências expressas na vontade coletiva das classes dirigentes (ou como produto das rebeliões transcorridas nas classes subalternas). Os de baixo viram-se apanhados nas tenazes de um movimento contra-revolucionário do tope da sociedade (incluindo-se aí os setores mais expressivos e poderosos da burguesia nacional e quase todo o conjunto dos interesses diretos e indiretos da burguesia internacional). O "desenvolvimento com segurança" despencou como um equivalente histórico do arranco industrial do "mundo moderno". Parecia que o Brasil entrava, para sempre, na órbita das "nações seguras", com padrões internos de luta social domesticada e controlada tanto de cima para baixo quanto de fora para dentro. Acabara-se a síndrome da "ameaça comunista" e vencera a ideologia (e a política) da Aliança para o Progresso (em diferentes quadros históricos e políticos). O dreno repressivo empurrara, finalmente, a "questão operária" para o seu lugar e os oprimidos teriam de se conformar com o seu "destino natural". Nascia o "Brasil grande", e cada classe devia dar a sua quota de sacrifício pela "grandeza", tão longa e arduamente esperada...

O amargo despertar se deu em vários lances, que vão da descoberta do jogo bruto destrutivo dos parceiros (ou amos?) fortes à "crise do milagre", à bancarrota disfarçada e ao colonialismo direto do FMI. Não obstante, nessa paradoxal história, nem tudo são perdas e frustrações. A revolução por choques convulsivos, por erros e acertos ocasionais, em nível, por assim dizer, de transferência de dinamismos econômicos estruturais, de história profunda (como seria, no pólo oposto, a evolução de um movimento revolucionário clandestino), não só significou o advento de um novo modelo de desenvolvimento capitalista – ela redundou em transformações inesperadas do regime de classes e dos padrões estabelecidos de luta de classes. É esse ponto específico que nos interessa aqui. Ele demonstra que o Brasil só aflorou à modernidade sob o modelo de desenvolvimento impulsionado pelo capitalismo competitivo (ou concorrencial). Ao contrário da Europa avançada e dos Estados Unidos, aqui a modernidade efetiva se associa ao capitalismo financeiro, às grandes corporações privadas, estatais e semi-estatais, ao agravamento da questão social sob um desenvolvimento capitalista desigual, ultraconcentrador e explosivo. Ele rompe o quadro das acomodações pré-capitalistas, lança no fluxo da vida social urbana massas sucessivas de famintos desenraizados e, por fim, quebra todas as acomodações que uniam tenuemente os proletários, os pequeno-burgueses e os estratos mais inseguros das classes médias a uma ordem social iníqua e inviável. Ao mesmo tempo, ele desaba sobre o vasto mundo rural, desencadeando novas formas de concentração da propriedade fundiária, de expansão da economia agromercantil e de "inquietação social no campo" que fazem saltar quase todos os diques que mantinham os oprimidos da terra presos a compromissos tácitos ou explícitos seculares. O *Brasil velho* foi pelos ares sem nenhum barril de pólvora e sem o recurso ao fuzil rebelde. E a revolução social se delineia como um processo que deverá passar por dentro da sociedade civil, por meio de sua transformação civilizadora e democrática pelas mãos dos explorados e oprimidos. Esta não é nem uma fábula nem um sonho. O percurso histórico da luta de classes atingiu um patamar decisivo, que desvenda e ilumina uma alternativa que parecia excluída do "desenvolvimento econômico associado e periférico" (pelo menos para aqueles que não souberam ver o processo e sua cadeia de efeitos de um ponto de vista verdadeiramente dialético).

A concepção segundo a qual "os homens fazem a sua história em determinadas condições" se redefine: eles *fazem* a sua história, mesmo quando parece que isso não sucede. O fulcro de todo o processo encontra-se em uma evolução peculiar do trabalho. O trabalho livre não nasce das precondições ou dos efeitos do trabalho escravo. Ele teria de abrir o seu caminho de modo difícil: o trabalhador aparentemente *livre* surgiu como substituto e equivalente do escravo. Portanto, o *trabalho livre* não negava e transcendia, em suas origens históricas internas, o trabalho escravo; era por ele reduzido ao componente mais infamante do "trabalho mecânico" e fixado na consciência social como algo degradante, que expunha seu agente a uma condição social inferior, inquestionável e *denegridora*. O capital não desprende o trabalho do contexto histórico anterior. Ao contrário, aproveita-se desse contexto, para usar as marcas sociais negativas como um elemento não-econômico na deterioração do valor do trabalho no mercado. Os fazendeiros paulistas, por exemplo, usam o conceito do "trabalho livre na pátria livre" como um ardil, pois só eram livres, naquela "pátria", os que não viviam da força de trabalho, seja como escravos, seja como assalariados. O ardil permitia prolongar por dois ou três anos e por cinco ou seis meses a submissão do escravo às obrigações perante o senhor e possibilitava a este, como "empregador", manejar o contrato como um laço. O negro escravo e, especialmente, o "negro livre" perceberam claramente o ardil e o repeliram. Preferiam o desemprego e a miséria à degradação implícita numa relação de trabalho umbilicalmente presa ao escravismo. Contudo, os "trabalhadores nacionais" e os "imigrantes" se viam postos numa arena na qual a primeira conquista consistia em despojar o trabalho dessa agregação à subserviência e à superexploração. Como o negro, tinham de se impor, primeiro, *como gente*, para conseguir, em seguida, separar a venda da força de trabalho da venda da pessoa.

Esse salto, tão importante na história econômica e social, não foi um produto da implementação da produção capitalista. Esta encontrava, tanto no campo quanto na cidade, muitas vantagens na "confusão dos *mores*": trabalho mais barato, endosso à violência como "freio moral" e definição do trabalhador rebelde (individual e coletivamente) como *inimigo da ordem*, "caso de polícia". A irradiação da hostilidade do trabalhador a esse clima histórico tinha pouco a ver com os influxos ideológicos do anarquismo, embora este surgisse como um fator psicológico, moral e político da exacerbação da "luta por ser gente". De imediato, *ser gente* não significava pertencer à sociedade civil. Queria dizer, apenas, que a violência brutal devia ser barrada do comércio entre trabalhador e empregador, e que a exploração precisava exprimir as *leis do mercado*, tão apregoadas e valorizadas pelos empregadores no trato com os seus negócios. A importância dessa constelação histórica, considerada globalmente, reside em seu significado explicativo: nas fazendas e nas fábricas, o *trabalho livre* possuía uma matriz, erguida, mantida durante séculos e fortalecida nas representações do trabalho e do trabalhador correntes entre as "classes proprietárias", que era infensa ao seu desenvolvimento como categoria histórica. A produção capitalista não teria como se expandir nas fazendas e nas fábricas sem arrastar consigo o florescimento dessa categoria. Mas o pólo capital iria mobilizar-se acirradamente contra isso, pois tal categoria era uma aberração e uma ameaça, nos primórdios do processo, e subvertia *a ordem pública*, na medida em que se consolidasse. Ela tocava em privilégios arraigados, mexia com uma forma agreste de acelerar a acumulação capitalista e, por fim, punha em questão o recurso automático à polícia como um modo de manter "a gentinha" em seu lugar.

O primeiro feito primordial do trabalhador rústico, de origem estrangeira e nacional, foi criar o espaço social para a existência institucional do trabalho livre como categoria histórica. O direito avançou nessa direção, mas como um marco de referência ideal e fantasmagórico. A *nossa transição* (uma passagem do escravismo para a acumulação capitalista acelerada) é, aparentemente, um feito ou realização do capital. No entanto, se se detêm as observações nos pontos aqui mencionados, ela é igualmente um feito ou realização do trabalho. O pólo capital escudava-se no contrato exatamente para fraudar e negar a liberdade do trabalhador. Enquanto isso, o pólo trabalho afirmava-se socialmente, inclusive pela violência coletiva, como *força viva espontânea*, para infundir ao contrato certa realidade e um mínimo de eficácia. A liberdade conquistada não se transferia para o trabalhador. Mas permitia estender gradualmente as garantias que iriam limitar o arbítrio e as arbitrariedades do capital. Esse processo invisível cerca toda a formação do capitalismo industrial e as duas eclosões maiores do industrialismo. E de outro lado, ele deslocaria as fronteiras da luta do trabalhador por sua forma de ser dentro do mundo do capital: a exigência de *ser gente* passa das esferas das relações reais para a esfera das relações societárias – do ter peso no contrato para o ter peso e voz na sociedade civil.

Seria impróprio estender a discussão desse assunto neste livro. O que foi exposto é suficiente para mostrar a peculiaridade da *nossa* (brasileira, latino-americana e periférica) história econômica e social. Não herdamos de um mundo feudal em crise a argamassa para a construção da *nova sociedade*. Um ponto de partida tosco expunha burgueses e proletários a uma luta sem quartel, que deita raízes no escravismo colonial e no escravismo moderno, na qual eles se empenham antes de possuírem identidades próprias, movidos pelas estruturas e pelos dinamismos de um modo de produção que iria *crescer* e, aos poucos, impor as premissas históricas de sua existência e desenvolvimento (ou seja, o contrato, a sociedade civil, o Estado burguês, etc.). Semelhante perspectiva não ignora o ser humano, como e enquanto pessoa ou como e enquanto classe, a vontade, a decisão e o querer empresarial ou operário, etc. – as premissas psicológicas, culturais e morais das ações dos agentes. Apenas coloca tais premissas em seu contexto formativo real. O crescimento do modo de produção capitalista arrasta após si o crescimento da personalidade do capitalista, bem como o crescimento da personalidade do operário moderno, o crescimento da sociedade civil (embrionariamente civilizada somente no tope, nas várias ramificações dos que seriam classificados como *gente,* em termos de mercado e do sistema moral), o crescimento do Estado, etc. O que caracteriza o comportamento da massa burguesa, após a desagregação do regime escravista, é o empenho em resguardar o *status quo*, manter a ordem existente sob controle, o que converte a *paz burguesa* numa modalidade de paz armada e dissocia a mudança (em todas as esferas da economia, da sociedade e do Estado) das grandes reformas e revoluções ditas capitalistas. O Estado Novo traz para a era republicana o que o Segundo Reinado logrou para a era monárquica: um modelo de paz social que concentra nas mãos das classes possuidoras o comando da sociedade civil e do Estado. A resistência à mudança social revolucionária (mesmo quando decorrente dos requisitos *sine qua non* do desenvolvimento capitalista) e a seleção das mudanças sociais imperativas (segundo critérios burgueses ultraconservadores) implantam-se como o único ponto de convergência estratégica dos interesses burgueses dominantes.

O movimento operário defronta-se, pois, com numerosas adversidades internas e externas. Ele se pulveriza e é pulverizado por um jogo de forças históricas inexoráveis: novo e móvel demais, cimenta-se muito lentamente e em fortes ziguezagues, ostentando uma portentosa renovação permanente de seus quadros. Tido como um risco potencial para o equilíbrio da ordem, sofre forte compressão que nasce no seio da empresa ou que procede de todas as instituições-chaves da economia, da sociedade civil e do Estado. Portanto, negado como movimento, precisa buscar a seiva de sua existência e crescimento ou no compromisso com os interesses burgueses ou nas reivindicações corporativas mais visíveis e prementes ou no clamor da unidade proletária. Nas várias fases de sua constituição e fortalecimento, o movimento operário percorreu todas essas posições. De início, muito fraco, retirou da negação do proletário como ser humano uma fonte de confronto com a ordem e com os seus exploradores. Mais tarde, manifestou-se em composição com os estratos mais democráticos e avançados da burguesia e dos setores mais combativos das classes médias. "Cauda política", mas agente de uma luta defensiva que ia além dos salários e das condições de trabalho: desde os seus primórdios, as hostes proletárias empenharam-se a fundo na revolução democrática, que nunca se incluíra entre as bandeiras "sérias" da burguesia. Sindicatos e partidos deram-lhe uma dimensão organizativa e vincos ideológicos e políticos que transcendiam o imediatismo das reivindicações corporativas. Todavia, sindicatos e partidos desenvolveram uma relação ambígua com os proletários. Eles próprios tinham um duplo conteúdo de classe: a massa e os objetivos eram proletários; os quadros sindicalistas e partidários muitas vezes emergiam da pequena burguesia letrada ou das classes médias. A burocratização enquadrava o movimento pelo seu tope, vinculando-o à política de concessões, de compromissos e de avanços ou recuos das classes dominantes. Não obstante, o movimento proletário cresceu quantitativa e qualitativamente, no campo e nas cidades, retirando da burguesia a confiança em seu esquema de paz social armada e negociada. Do fim da Segunda Guerra Mundial em diante, as greves aumentaram e a consciência proletária desabrochou politicamente.

É necessário enfatizar as fases do desenvolvimento da classe operária. As greves de massas do início do século não eram produto da consolidação de uma classe operária. Eram, antes, um índice de sua atrofia organizativa e de seu estado de congérie. Os momentos seguintes, de aumento da concentração operária principalmente em cidades como São Paulo e das rupturas que começam a atingir o campo, envolvendo-o na inquietação social que abalava o mundo urbano, marcam as etapas de uma transformação decisiva. A classe operária começa a existir como tal. A política de paz social da burguesia, especialmente sob o Estado Novo, oculta o processo. Todavia, as concessões feitas indicam, por si mesmas, a vitalidade da presença operária. Elas não foram, exclusivamente, um dá cá e um toma lá. Desde 1930, com seu aparecimento nas ruas, as massas proletárias cobram das "classes dirigentes" medidas de proteção do *status quo*, que se disfarçavam sob o manto do interesse pela "questão social". Na verdade, atrelavam-se fortemente os bois ao carro, evitando-se que as pressões que surgiam de modo amorfo e desencontrado ganhassem corpo e voz. Nesse sentido, o Estado Novo e a Constituição de 1946 foram providenciais. Eles abarcaram em um mesmo arco "renovador" medidas que apareciam entre as bandeiras mais agitadas pelo radicalismo das classes médias e no clamor proletário. Contudo, a industrialização se aprofundara e a grande empresa estatal, principalmente, adquirira uma importância ponderável. A década de 50 iria mostrar o novo perfil da classe operária e os rumos que seriam tomados pelos conflitos no campo. Não só se tornam mais nítidos os traços da diferenciação do regime de classes; fica claro que o pico da industrialização acarretava uma coalescência da classe trabalhadora. Isso é algo novo na história.

Antes, as transformações só aproveitavam aos donos do poder. Agora, elas beneficiam os pobres tangidos do campo e as massas urbanas. Estas se organizam, graças, principalmente, aos sindicatos e aos partidos proletários, e se revelam ao consenso burguês como ameaça potencial.

Em menos de 1/4 de século, portanto, a história sofrera uma virada apavorante para as classes possuidoras. Estas não se fragmentam, pois o movimento que vinha de baixo não era bastante forte para isso. Ainda assim, esse movimento acentuou as divergências ideológicas e políticas alimentadas pelas disparidades dos interesses burgueses. O Brasil parecia penetrar, em toda a plenitude, em uma fase "pré-revolucionária", acompanhando um processo que se espraiava por alguns países da América Latina. O que caracteriza a situação brasileira é a capacidade das classes possuidoras de empalmar a direção das várias modalidades de atrito com a ordem. Seria precipitado dizer que isso indicaria uma fraqueza orgânica do movimento operário. Este sequer tivera tempo de se medir com suas insuficiências e deficiências crônicas. Entretanto, é óbvio que o fato atesta, seja o grau de consolidação da supremacia burguesa, no interior da sociedade civil e do Estado, seja a importância estratégica do país no conjunto da economia mundial. Aqui não se cometeram certos erros que facilitaram o curso do clamor rebelde em outras partes da América Latina. Qualquer que seja a interpretação que se prefira, também fica patente que o ápice alcançado no desenvolvimento independente da classe operária coincide com uma rápida alteração na estratégia da burguesia de acolitar uma "política compreensiva e construtiva de paz social". As elites das classes burguesas preferem descarregar um golpe fulminante que interrompe e pretende anular o crescimento gradual independente da classe trabalhadora. Das ilusões da Aliança para o Progresso chegara-se ao realismo cru do "desenvolvimento com segurança". Burguesia nacional e imperialismo davam-se as mãos para impedir que a aparente situação "pré-revolucionária" amadurecesse e gerasse frutos revolucionários proibidos.

É por aqui que se desvenda o elo entre passado e presente e que se configura a fase subseqüente de desenvolvimento dos proletários como e enquanto classe. Os proletários foram devolvidos à condição de esbulho da pessoa, de sua humanidade, que havia sido vivida no início do século. A história não se reata nem se repete. Mas ocorre a mesma oscilação: privado da liberdade do ser, o trabalhador não se recolhe à sua concha. Pois ele não tem nenhuma formação protetora externa; suas defesas passam e crescem por dentro da classe. À perplexidade e ao recuo iniciais, seguem-se manifestações explícitas de caráter defensivo e ofensivo. Compelidos à humilhação extrema e à exploração mais brutal – da qual se tornou simbólico o "arrocho salarial" –, os proletários emergiram dessa situação através de comportamentos típicos dos oprimidos e das classes oprimidas, radicalizando o apelo coletivo à liberdade e a pressão pela transformação revolucionária da sociedade. Classe oprimida e revolução, ao contrário do que presumem analistas conservadores ou "neutros", não são incompatíveis, mas interdependentes (numa relação de reciprocidade que se intensifica até atingir um clímax liberador). É certo que a classe trabalhadora e o movimento operário não se livraram, ainda, de muitas servidões que os enfraquecem e, por vezes, os anulam. Todavia, o lapso de tempo transcorrido abrange algumas alterações do regime de classes sociais que modificam centralmente a posição dos proletários na cena histórica e suas tarefas políticas cruciais.

Esse é o ponto fundamental. Os oprimidos podem reagir autodefensivamente (e até ofensivamente) sem os recursos de auto-afirmação (e os limites revolucionários) proporcionados pela classe. O que interessa aqui é o fato, inesperado pelas classes burguesas conglomeradas (isto é, articuladas por uma rede de interesses nacionais e mundiais), de que *a opressão e a repressão não fizeram história*. Interromperam por breve período (1/4 de século?), o fluxo do desenvolvimento independente da classe em nível de luta política, mas não em termos globais. Em termos globais, o que prevaleceu foram as determinações do capitalismo monopolista em seu estágio atual e nas potencialidades que ele desencadeia em um país com as dimensões geográficas, demográficas, econômicas, sociais e políticas do Brasil. A contra-revolução preventiva podia fechar uma porta, com sua política de estrangulamento da classe operária e dos oprimidos em geral. No entanto, mesmo o "desenvolvimento econômico acelerado", nas condições de segurança máxima exclusivas do capital (predominantemente do capital estrangeiro), não pode fechar todas as portas, pois o desenvolvimento capitalista relaciona dialeticamente entre si capital e trabalho. Ao se diferenciar a produção, diferenciou-se a divisão social do trabalho e se diferenciaram as classes sociais. A classe operária era uma no ponto de partida desse processo; tornou-se outra em seu ápice (e, naturalmente, seu ponto de tensão). O que quer dizer que o novo modelo de desenvolvimento capitalista implementou uma imensa transformação da infra-estrutura e da estrutura social da sociedade brasileira. O que se pretendeu evitar, sonhadoramente, em um momento, tornou-se claramente inevitável em seguida. Os proletários já não pedem licença aos seus "aliados" burgueses para sustentar suas causas. Fazem-no de modo próprio, com sua própria linguagem, e com os métodos de luta próprios, que estão aprendendo ou refinando. Alcançaram, portanto, o apogeu da fase do desenvolvimento independente da classe e podem mover com maior facilidade as "alavancas do futuro".

Essa descrição pode parecer exagerada (e o é, sob certos aspectos). Os trabalhadores conhecem suas limitações e suas carências organizatórias – e o que elas representam na esfera política da luta de classes. A descrição não omite esse fato, embora não se detenha sobre suas implicações (negativas e positivas). Uma classe operária carente de recursos de organização e de métodos de luta ofensiva é duplamente perigosa. Ela estabelece uma relação de insatisfação com o estado geral da sociedade e uma relação de frustração consigo mesma. Isso exacerba as incertezas e as vacilações – mas também toça fundo na corda sensível: não somos culpados dessa situação, criada por uma exclusão secular esbulhadora. Aí não se trata de buscar um bode expiatório. Mas de encontrar uma afinação com a história em processo. O proletário que indaga de quem é a culpa não a projeta para fora. Procura uma explicação para a ordem criada pelo desenvolvimento capitalista desigual e um modo de ultrapassá-la. Portanto, situação de interesses de classe e consciência de classe se afinam juntamente e se abrem em novo estilo para a construção de uma sociedade que não pode prescindir do trabalho dos proletários e, por conseguinte, não pode bani-los como se fossem gado (ou escravos).

Seria o caso de se tomarem exemplos como os fornecidos pelas várias formas de protesto nas fábricas (da sabotagem da produção às greves e à constituição das comissões de fábrica), as greves dos "bóias-frias" e a intensificação dos conflitos pela posse da terra, o significado popular radical intrínseco aos comícios pelas eleições diretas, para ir ao fundo dessa inversão no curso da história "programada" pelos de cima. As transformações ocorridas na produção capitalista e nas dimensões e dinamismos do mercado geraram "condições objetivas de vida" que exigem outras formas de participação da sociedade civil e de relação com o Estado burguês. A existência da ditadura foi um elemento que serviu para catalisar e infundir maior profundidade ao processo. Ela não só "dramatizou" a realidade; ela "desmascarou" o mundo das aparências e de alienação sistemática a que está condenado o proletário (individualmente e como classe). O que seria mais difícil de perceber, em "condições normais", tornou-se agressivamente notório graças à presença da ditadura e às conotações antipopulares e antioperárias de sua atuação política. Dentro da lógica segundo a qual quem semeia ventos colhe tempestades, a burguesia, que recorreu à ditadura para se fortalecer, vê-se apanhada em uma teia de contradições que torna impossível esconder o sol com a peneira. A ditadura não serve para "justificar" a *omissão burguesa*, pois ela própria é produto de uma ação coletiva das classes possuidoras e, portanto, de um querer de classe que os proletários puderam experimentar (e avaliar) concretamente, em sua carne, em seus sofrimentos e na rejeição de uma sociedade civil que absolveu os seus algozes.

É isso que confere ao protesto dos oprimidos uma carga proletária e uma tensão revolucionária (por enquanto dentro da ordem, que busca expandir-se no enquadramento de uma moldura democrática) que se objetivaram tão tardiamente. Os de baixo não desfraldaram apenas as bandeiras do participacionismo. É um erro pensar que desejem rodar a história para trás e compensar as exclusões por meio de correções automáticas. As manifestações arroladas acima como exemplos demonstram que pretendem um novo ponto de partida, não com base em um utópico *nós coletivo*, mas lastreado na capacidade de ser gente do mesmo modo que os "outros", os de cima. Ficam marcadas, assim, para a parte mais consciente e firme da classe trabalhadora, as diferenças entre as vozes; mas também fica estabelecida a vontade de ter voz, de ter peso na sociedade civil, de deixar de ser vítima ou objeto de decisões e ações que põem em funcionamento os preconceitos e as discriminações sociais. Uma nova utopia – a de uma sociedade civil igualitária sob o capitalismo? É evidente que não. O melhorismo só toma conta das cabeças radicais movidas pela fantasia. Os proletários que avançaram até o campo da luta política e desencadearam a luta de classes segundo padrões que fazem a "Nova República" rodopiar e ser ridícula (tome-se o exemplo das últimas greves operárias e o enfrentamento com a brutalidade calculada dos patrões) não colocam no eixo de suas ações e ambições o melhorismo. Querem objetivamente uma alteração radical da estrutura e do funcionamento da sociedade civil e, com isso, põem em questão o Estado existente e a democracia a ser constituída de uma perspectiva igualitária.

Se alguma conclusão deve ser extraída dessa posição e dessa orientação de classe, ela consiste em que *não foram as classes burguesas, mas as classes trabalhadoras* que tomaram a si a tarefa de exigir (por enquanto dentro da ordem) a transformação revolucionária da sociedade civil. Seria o capitalismo periférico compatível com esse passo? Poderá uma burguesia nacional, incapaz de ser conseqüente perante a revolução nacional e de se rebelar contra o imperialismo, acompanhar tal passo das classes que ela encara como "subalternas"? O que vem depois de semelhante avanço: se as classes dominantes se recusam (ou são impotentes) a avançar, aonde levará o seu recuo – ao Estado de segurança nacional, ao fascismo sem máscara, à autocracia burguesa como um "Estado de direito" (como simula ser o da África do Sul)? Ou, ao longo dessa complexa evolução, estão mudando as "correlações de forças" e surgindo uma *nova história?* (como se sonhou em certos círculos da esquerda quando a contra-revolução preventiva já estava incubada na sociedade e no próprio governo?). O grau de intervenção ativa das classes trabalhadoras na transformação da sociedade civil (e, por conseqüência, do Estado) ainda não esclarece tais questões. Podem-se dar respostas presumíveis, de caráter ideológico. No entanto, se as classes trabalhadoras estão em marcha, alcançaram um patamar avançado no seu desenvolvimento independente como e enquanto classe, e atacam por todos os lados a supremacia burguesa, as respostas ideológicas tornaram-se dispensáveis. Suas ações evocam uma paráfrase: *Brasil, aqui vamos nós!*

Que democracia?

O debate atual sobre "a questão da democracia" omite um dado fundamental: ela não é uma questão "abstrata" ou "ideal". O que está em jogo é a capacidade das classes possuidoras, sob a forma periférica e dependente de capitalismo monopolista (o que associa inexorável e inextricavelmente as formas "nacionais" e "estrangeiras" do capital financeiro), de manter, reproduzir e ampliar sua supremacia social e sua hegemonia ideológica e política sobre as classes subalternas, em geral, e as classes trabalhadoras, em particular. O reverso dessa relação sem mistérios aparece na necessidade histórica dessas classes de subverter tal situação, o que não depende apenas de seus interesses e da consciência que tenham alcançado em relação a estes. Resta saber se o desenvolvimento capitalista confere (ou não) aos despossuídos, assalariados e oprimidos meios específicos de organização e de luta para ameaçar a supremacia burguesa e solapar o monopólio burguês do poder político estatal. Por isso, todos podem desejar fortemente a democracia, mas pretendendo coisas distintas e contraditórias. O combate a um nefando regime ditatorial e à sua "forma democrática" de autocracia burguesa (era-lhe inerente certa democracia restrita, uma *democracia dos mais iguais* perante a República institucional) embaralhou as idéias e os sentimentos políticos, difundindo uma confusão generalizada a respeito da democracia como *valor em si* e como a "única saída" que poderia unir gregos e troianos, burgueses e proletários, opressores e oprimidos. Hoje, já não se justifica semelhante confusão, que só leva água ao moinho dos poderosos, e se impõe assinalar com precisão o que aqueles que sempre foram excluídos, oprimidos e explorados carreiam para a cena histórica, na construção de uma *nova forma de democracia* e uma *nova forma de República*.

As classes subalternas e os proletários não exercem dominação de classe e não detêm o monopólio do poder político estatal. Portanto, não usam as palavras para ocultar seus interesses e mistificar a realidade política. As vítimas só chegam ao manejo cultural e político das idéias (e das "questões abstratas") quando logram emancipar-se do seu embrutecimento forjado, isto é, libertar-se coletivamente de sua alienação social e empunhar bandeiras próprias, independentes, de luta de classe e de transformação da sociedade. Essa não é uma herança cultural passiva, "conquistada" graças a um sistema educacional "progressista" e "avançado"; é uma conquista que se faz no dia-a-dia dos oprimidos, no autoesclarecimento que nasce da desmistificação prática dos interesses, valores e idéias inculcados pela socialização dos oprimidos como e enquanto "cidadãos" e do desenraizamento com referência à ordem existente. Em conseqüência, nesse terreno, queira-se ou não, o grau e a forma do desenvolvimento capitalista constitui elemento crucial. Não importa que os "estratos privilegiados" fiquem rentes à defesa mais desumana e brutal de seus interesses, valores e idéias. O que conta é saber se o desenvolvimento capitalista comporta a existência, a reprodução e o fortalecimento de dinamismos de desalienação, de desmistificação e de auto-afirmação coletiva dos proletários que possam engolfar a sociedade civil (ou seja, a *sociedade burguesa*) em crises sucessivas, desencadeadas, calibradas – indireta ou diretamente – e dirigidas pelos oprimidos e por seus movimentos de classes.

Aí, um certo avanço no "desenvolvimento dos proletários" como e enquanto classe se acrescenta à existência de alguma capacidade dos oprimidos de desafiar ativamente a supremacia burguesa. No passado, o escravo logrou ameaçar a ordem escravista, por sua própria existência e por ser, pois, um inimigo intrínseco da "ordem pública". Contudo, os movimentos sociais que se bateram pela supressão do escravismo saíram dos interesses contrariados e negados dos membros não-privilegiados ou semiprivilegiados da *raça dominante*. A duplicidade do abolicionismo vinha dessa raiz, que projetou os *pobres* (ou o "homem pobre livre"), em condições ou em via de se classificar socialmente através do mercado (isto é, do trabalho assalariado), em um patamar de lutas econômicas, sociais e políticas que confluíam na e para a revolução social do branco para o branco. Extinto o regime escravista, esses movimentos se desvaneceram (eles não tinham razão para continuar, o que pressuporia que aquela revolução fosse multirracial e possuísse sua vertente histórica revolucionária na "redenção" do negro como e enquanto *raça*). Isso explica por que os movimentos que deviam abalar a sociedade civil se deslocaram de eixo (os "operários" e os "imigrantes") e, mais ainda, por que os únicos elementos radicais atendidos socialmente provinham, por origem social e tradição cultural, dos estamentos intermediários, em porfia pelas melhores posições que lhes eram acessíveis na nova sociedade. A década de 20 desmascara essa realidade, pois é possível acompanhar, através dos burocratas, dos profissionais liberais, dos políticos, dos intelectuais, dos tenentes, dos sacerdotes, dos professores, etc., como o mercado redistribuía (e valorizava socialmente) os *privilegiados de segunda categoria*. Assim, as rupturas abertas pela extinção do escravismo eram cicatrizadas suavemente e os herdeiros da antiga ordem estamental e patrimonialista não se viam compelidos a fazer causa comum com o sangue novo, que brotava com a emergência do trabalho livre como categoria histórica. Os de cima recompunham-se e fixavam os limites do radicalismo que iria soldar o compromisso dos "rebeldes" com a sociedade civil, a qual teria de ser gerada sob a égide do capitalismo competitivo em expansão. Os demais continuavam excluídos, sob o regime de classes quase tanto quanto sob o regime de estamentos.

No plano político, a chamada República Velha deu plena vitalidade a esse desenvolvimento capitalista, que punha o trabalho e o agente do trabalho sob suspeita – e imprimiu sólida continuidade à tradição de excluir o "homem pobre livre" da sociedade civil, apesar das falsas bandeiras patrícias do "Trabalho Livre na Pátria Livre". Não caberia aqui fazer o necrológio de uma evolução que iria conter "manchas negras" (da perspectiva da estabilidade dos antigos e novos privilégios), como as evidenciadas graças à "revolução de 30", à "crise do Estado", à "crise do populismo" e à recente "crise da República institucional". Mas é útil lembrar o que elas significam historicamente. O desenvolvimento capitalista liquidou suas contas com o passado sem saldá-las: a incorporação do Brasil às estruturas de produção, mercado e distribuição e ao sistema de poder do capitalismo monopolista mundial desentranhou as classes de seu imobilismo e, em particular, soltou as pontas dos conflitos entre burgueses e proletários em áreas nas quais as contradições são mais candentes (isso, simultaneamente, na cidade e no campo). A sociedade civil já não conta com uma redoma de costumes "sagrados" para protegê-la. O que o escravo não logrou ser, como agente histórico, os proletários (e os oprimidos em geral) começam a ser gradualmente e de modo crescente, da época da Segunda Guerra Mundial em diante: o vulcão que assola a "ordem pública" (a ordem burguesa, da perspectiva conservadora de todas as formas e manifestações do capital). A ordem pública, entendida como a ordem fechada de uma sociedade civil excludente e exclusivista, cindiu-se em todos os seus níveis e comprometeu, nessa cisão, de um modo ou de outro, odas as instituições-chaves da nação. Essa ordem pode defender-se com base no fuzil dos ditadores e na conciliação dos "liberais" e "conservadores". Não pode, porém, reproduzir-se indefinidamente e, o que é mais importante, já não é solapada, mas implodida pelos errantes pobres, pelos proletários da terra ou das fábricas e por uma pequena burguesia enfurecida.

O pólo central de todo o processo passa pela forma atual de industrialização maciça, de reivindicação agressiva dos proletários da cidade e do campo, de insatisfação medular pelos que esperaram uma coisa do capitalismo monopolista e tiveram o seu avesso. Se se projeta um painel globalizador, os de cima montam os cavalos do "controle da ordem", do "nós pelo centro, ou a ruína"; os de baixo não conspiram, mas arruínam a ordem pelo simples fato de existirem, de sobreviverem, de imporem sua presença *dentro da ordem*, ou seja, como membros ativos da sociedade civil. Seria inverídico afirmar que o processo só foi espontâneo e, por assim dizer, "passivo" em seu todo. Os proletários cobraram o seu espaço, dentro da fábrica, na ocupação da terra, dentro das demais instituições-chaves (inclusive dentro da Igreja e do Estado) e, em enfrentamentos memoráveis saturaram como puderam esse espaço (que os interesses dominantes tentaram perverter e "envenenar"). No fundo, a análise sociológica depara com formas iniciais de esmagamento dos interesses burgueses: a supremacia burguesa não só é contestada, discutida, ameaçada; a presença proletária insinua-se, no seio das instituições-chaves, na negação prática do despotismo burguês (quer ele se apresente sob a face "empresarial", quer ele se objetive através de um chefe militar que "representa" o Estado ditatorial e a "ordem") e na *exigência cívica* de peso e voz na sociedade civil. Portanto, malgrado a debilidade dos proletários, eles atingem o coração de uma burguesia conservadora e prepotente, e travam, de algum modo e com efeitos positivos visíveis e repetitivos, o "direito sagrado de mandar" dos privilegiados. É pouco. Todavia, que avanço considerável em se tratando de um país no qual o "mando" e o "comando" faziam parte de uma *tradição intocável*.

O produto dessa história: o Estado, ao se autocratizar e tecnocratizar, provocou um deslocamento de fronteiras históricas, pois converteu em *causa moral* a luta política contra a ditadura e pela democracia, nela envolvendo todas as forças sociais vivas, que nasciam da concentração operária nos grandes centros metropolitanos, da penetração do capitalismo "moderno" no campo e do arranque industrial acelerado. Essas forças nada tinham a defender *dentro da ordem existente* e eram *inimigas naturais* da brutal sociedade civil herdada do passado escravista e refeita graças às ondas sucessivas de modernização pelo tope. Elas querem *civilizar* essa sociedade civil (o que as classes burguesas não realizaram na prática, mas só formalmente e no campo da "lei"), o que fazem tomando para si o direito de ter voz social; elas querem transformar essa sociedade civil (o que as classes burguesas diligenciaram, mas somente para si próprias), o que fazem exigindo que seu peso social conte na balança do equilíbrio (e do desequilíbrio) da ordem. Poder-se-ia indagar se aí não surge o segundo ato da revolução social, que não foi atingido no momento da Abolição. Mas essa indagação seria fantasiosa: aquela revolução gorou, e o que desponta é uma *nova revolução*, uma revolução que nasce de uma divisão não-consentida da supremacia social. Uma burguesia que nada concedeu vê-se posta contra a parede e na iminência de aceitar associados que não são rebentos do capital estrangeiro e do imperialismo. São os "homens pobres livres", nas circunstâncias em que o trabalho livre se torna uma categoria histórica plenamente configurada e, portanto, os proletários *revolucionam a sociedade civil*, ainda dentro das relações de produção capitalistas e nos limites de organização de sua forma social e de sua forma política.

O pêndulo conservador deixou de dar as horas. Ele ainda está na torre da igreja. Mas todos sabem que ele dá horas loucas, desencontradas. A voz e o peso das classes possuidoras, principalmente de suas "elites dirigentes", parecem intactos. Mas esse é um mundo de aparências, de fantasmas que circulam no cemitério da memória. *A sociedade civil rachou de alto a baixo* para se tornar mais capitalista (o que ela não era sob um exclusivismo burguês retrógrado). O preço desse *tornar-se mais capitalista* não é o advento imediato e fácil do consenso. É a coexistência livre das classes, a conquista de uma área de auto-afirmação inalienável do trabalhador, como indivíduo e como classe. O que os atos de decisão e de vontade dos notáveis da burguesia sempre negaram (ou só atenderam formalmente) foi conseguido por mudanças espontâneas de estruturas históricas (da economia, do regime de classes e do Estado). Não obstante, no lado oposto, a vontade, individual e coletiva, conta como e enquanto tal. As debilidades "orgânicas", herdadas ou impostas por via da lei e do poder, restrigem o campo, a intensidade e a eficácia dessa vontade. Contudo, ela existe e surge, pela primeira vez, como fato histórico real. O oprimido e o proletário poderiam ir mais longe e caminhar mais rápido, se contassem com outros meios de organização e de mobilização. Isso não é o essencial. O essencial é que eles *contam*, agregam à sociedade civil um componente explosivo e se tornam, assim, um parceiro (ou um adversário) temível, com o qual é preciso dividir (ainda que desigualmente) as honras da civilização. Em suma, o "igual como cidadão" afinal abre passagem...

Ameaçada a supremacia burguesa, resta à burguesia apelar para outros recursos de intimidação ou de autodefesa. A pobreza dos meios da burguesia (malgrado a riqueza do sistema tecnológico importado e o grau de modernização institucional do sistema de poder) impede-a de passar do rancor à repetição da farsa (as ditaduras que iriam pescar a República democrática em águas salobras). Ela tem de tolerar, de recorrer ao verbo mistificador e à adulação para continuar usurpando o homem livre pobre de sua liberdade e de sua condição de parceiro civil necessário (embora antagônico e potencialmente perigoso nas lutas econômicas, sociais e políticas). Esse é o paradoxo daquilo que os "liberais" e "conservadores" chamaram de "Nova República". Ela não é "nova" nem é uma "república". Mas está fadada a aparecer e a crescer, não pelas mãos da burguesia – qual é o risco menor: conviver com o "inimigo", dentro da ordem, ou açulá-lo a saltar por cima das conveniências conservadoras (que mascaram e mistificam os interesses de uma burguesia pusilânime)? Na raiz das atuais perplexidades burguesas e do "moderno espírito de conciliação" está a impossibilidade de deter uma transformação profunda da economia, que toma corpo na diferenciação do regime de classes, nos dinamismos sociais das classes e na transformação incontrolável da sociedade civil. Resistir pressupõe fortalecer o dique. Contorná-lo e conviver com ele, ainda que com vontade sinistra (e golpista), implica ganhar tempo e, quiçá, "domesticar a fera". Os segmentos mais "radicais" (isto é, os mais reacionários e ultramontanos) da burguesia ostentam outras preferências. O grosso da classe e suas elites "aceitam o impasse" e procuram *vender a "Nova República"* como a versão sacrossanta da transição difícil à democracia. Por fim, simulam dizer, chegamos lá. Seria preciso que os "outros" fossem cegos para ceder ao impasse, que não é seu, mas "forma histórica" de uma sociedade civil condenada e esgotada; na verdade, já morta.

Nessas condições econômicas e sociais, a sociedade civil é palco de uma luta peculiar entre as classes possuidoras e dominantes e as classes subalternas e oprimidas. Desenha-se o que já descrevi como uma situação histórica de duas faces. As forças sociais que se identificam com a preservação, a reprodução e a defesa agressiva da ordem confundem a democracia com o *status quo* e com o fortalecimento de seu sistema de poder. O seu conceito de "democracia relativa" nada tem de comum, fora do mundo das aparências, com a chamada "democracia clássica" – constitucional, representativa e parlamentar. Por dentro ou acima das melhores intenções, se suas influências e imposições não forem ultrapassadas e anuladas, o que funciona é uma *democracia restrita*, mais ou menos aberta ao jogo eleitoral, ao clientelismo (que passa pelas classes e relações de classes e por isso é entendido como "populismo") e ao mandonismo (nas duas vertentes do paternalismo tradicionalista e do despotismo burguês institucionalizado). O sonho das classes possuidoras e dominantes consiste em passar essa mistificação do "regime democrático" por uma autêntica democracia "pluralista"! O aparelho do Estado é empregado, com requinte e afinco, para aperfeiçoar, multiplicar o rendimento e suavizar as aparências desse biombo retrógrado de "democracia". Fundem-se, assim, todas as forças que emergem da dominação de classe e da opressão política via Estado; e seu produto final – nos vaivéns dos recuos *à la* "transição democrática" e dos avanços da "revolução institucional" (ou ditatorial) – vem a ser a contrarevolução permanente. Portanto, a democracia restrita converte-se em seu oposto (não é efetivamente democrática nem mesmo como mistificação e simulação) e tange os de baixo como se fossem (ou devessem ser) um rebanho de carneiros.

Nas mesmas condições econômicas e sociais apontadas, a

sociedade civil abriga as forças que se contrapõem a tal situação, com freqüência nos limites tradicionais da acomodação tensa, na qual a resignação dissimula o ranger de dentes, e por vezes de modo abertamente conflitante, de resistência passiva e ativa. As transformações acumuladas ao longo do último meio século jogaram os pratos da balança para este lado: a sociedade civil converteu-se, em termos do antagonismo não-militante aqui e ali, mas parcialmente institucionalizado e ordenado, em um explosivo barril de pólvora. Os estratos mais reacionários e conservadores detectaram e detectam muito bem a qualidade dessa desobediência civil não-civilizada (como a própria sociedade civil que a alimenta): ela é potencialmente revolucionária e, nas fases de aguçamento montante das tensões, uma revolução em gestação e *in flux*. Note-se que a superfície é enganosa, ela só indica águas mansas e passividade; as profundezas revelam melhor o que se passa: *como está não pode ficar* (o que não se sabe, *ainda*, é *como sair do atoleiro*). Uma sociedade civil que só é civilizada no tope restringe o número dos que têm acesso à consciência social inteligente da situação, o conhecimento dos meios institucionais de organização e de luta políticas, a capacidade de converter aspirações e frustrações em *poder real*. A partir da década de 50, a massa dos proletários e dos excluídos penetrou aos solavancos nessa esfera dos mistérios da cidadania. E as fendas e clivagens do modo de produção e de repartição, do regime de classes e do sistema de poder eclodiram na sociedade civil através dos oprimidos, dos proletários da terra e das fábricas, dos que foram condenados a uma condição burguesa mendiga (como a grossa maioria da pequena burguesia). Com isso, a civilização da sociedade civil tornou-se obra dos incultos, semi-incultos ou cultos sem polimento e grande valia. As classes burguesas sempre proclamaram seu objetivo de fazer a revolução pelas escolas, como alternativa para que ela não se fizesse nas ruas. Por fim, as escolas acabaram sendo pouco úteis a essa revolução rústica, que brota do solo bravio e mais tosco da sociedade civil.

Portanto, não é verdadeiro que não exista "luta de classes", que "o Povo brasileiro é naturalmente dócil", etc. O desenvolvimento do modo de produção capitalista desatou o desenvolvimento do regime de classes e este, por sua vez, revolucionou uma sociedade civil extremamente desigual e insensível aos imperativos da cultura cívica. O que a burguesia tolheu, de um lado, os trabalhadores e os oprimidos soltaram de outro. A revolução democrática só possui tênues nexos ideológicos e legais na *gente bem* da burguesia. Ela é uma realização que se desdobra, aos trancos e com oscilações fantásticas, a partir da *gentinha sem eira nem beira*, dos proletários e dos que se sentiram repelidos ou romperam moralmente com a cultura cívica de vitrina. Esses são os *radicais*, os que desarranjam a sociedade civil pela raiz, os que preparam ou abrem caminho à *revolução democrática*. Esta está longe de se ostentar como um corpo de idéias e de projetos, uma filosofia com "corte ideológico e político". Tais construções são criações de letrados. Ela aparece inicialmente como um repúdio, *algo que não se quer mais, de cabo a rabo e para sempre*. Faz parte de sentimentos confusos, mas profundos e tenazes. E está desabrochando aos nossos olhos, como um florescimento rico e fecundo, que engata o Brasil na história convulsiva dos povos pobres e da América Latina rebelde.

De pronto, observa-se que tal revolução democrática não é *burguesa*. Ela se desenrola dentro de uma sociedade civil, de uma Nação e de um Estado que são *burgueses*. As classes burguesas, contudo, não se aprestam em levar essa revolução para a frente: buscam, deliberada e reiteradamente, destruí-la, confundi-la, inviabilizá-la, pelos métodos mais refinados e pelos métodos mais brutais a um tempo. É uma revolução que eclode dentro da ordem, mas que se aninha na parte excluída e ignorada dessa mesma ordem. Sob vários aspectos, ela representa um desafio assustador e amedronta as duas burguesias associadas, a nacional e a internacional. Quais serão os seus caminhos? É impossível prever. Os de cima tentam domesticá-la, canalizá-la institucionalmente, enquadrá-la em uma República burguesa de *democracia relativa* ou de *segurança nacional*. Os de baixo repelem o freio e o chicote. Para eles, a democracia é o avesso ou o contrário do que existe (e, por conseqüência, não é definível). Podem ser arrastados pela correnteza das águas da ordem (como o comprovam a campanha das diretas-já e os comícios pró-Tancredo). Mas levam dentro de si inquietações e frustrações que uma República burguesa simulada não pode enfrentar e resolver. O que resulta é a complicação da revolução democrática. Ela terá de se descobrir, de crescer, de experimentar as traições da sedução da ordem e de vencer os obstáculos que a barricada de classe da burguesia, as artimanhas da sociedade civil e a hostilidade do Estado "autoritário" erguem à sua maturação. No conjunto, esse jogo é mais arriscado que útil às classes burguesas. Uma revolução democrática confusamente presa às potencialidades de mudança dentro da ordem poderá transpor esse limite histórico e se converter inesperadamente em uma incontrolável revolução democrática contra a ordem. Os dados estão postos nessa direção.

Tais cogitações não excluem o essencial. A presente revolulão democrática não vai do Estado para a sociedade civil. Vai desta para o Estado. O seu terreno histórico está dentro da sociedade civil, como um processo de normalização do desenvolvimento das classes e das relações antagônicas entre as classes. A democracia vinculada à opressão econômica, social e política tem de ceder terreno à democracia que se vincula à emancipação civil dos oprimidos e à autonomia dos proletários. Desse ângulo, a democracia não é uma questão abstrata. *Ela é uma questão concreta e histórica*. A burguesia que falhou no conquistá-la não pode pretender infundir-lhe a sua marca de classe, o seu sinete ideológico, a sua consagração política. Ou as classes burguesas se aliam (sem propósitos demagógicos exclusivistas) às classes que emergem como revolucionárias (no sentido e dentro dos limites indicados) ou elas ficarão à margem da história. Caso se aliem, porém, nem por isso a revolução democrática será *burguesa*. Se se aliarem ou não, mas o impulso da revolução democrática for demasiado forte para aninhá-la dentro da ordem existente transformada, a República resultante não será "democrático-burguesa". Ela será, por sua origem e conteúdo, *uma revolução democrática burguesa e proletária*. O pólo proletário surge com enorme vigor e oferece a moldura da história emergente, quer ela caminhe na direção do "pluralismo" e da "democracia social", ou do socialismo revolucionário e do comunismo. O Povo que era bigorna, de fato, metamorfoseia-se em malho e desvenda vários rumos para uma Nação que nasce tão tardiamente para a democracia.

III. Reforma e Revolução

Os antagonismos entre capital e trabalho sofrem o impacto negativo do desenvolvimento capitalista desigual. Todavia, a própria situação histórica que gera essa dificuldade, também desentranha irrupções mais violentas e incontroláveis do que as que foram (ou são) enfrentadas pela burguesia nas nações capitalistas centrais. A imensa massa do povo, ultra-explorada, com freqüência faminta e miserável, oprimida até os últimos limites, aparece à consciência burguesa (nela se compreendendo as ramificações internas e externas, ou imperialistas, das classes burguesas) como um terrível barril de pólvora. O medo não solta as amarras, retesa-as. Os propósitos "modernizadores" se concentram e se intensificam na esfera da produção, dos níveis do consumo e dos padrões de vida. "Modernizar" não quer dizer realizar as reformas e as revoluções capitalistas que tornam o desenvolvimento capitalista, nos seus limites históricos, um fator de transformação da sociedade civil, da cultura e do Estado. "Modernizar" significa reajustar as economias periféricas às estruturas e aos dinamismos das economias centrais, para que o fluxo da expropriação dual do excedente econômico alimente as taxas de crescimento da acumulação capitalista nos ritmos necessários ao "bom andamento dos negócios", ao assalto pirata do *botim nacional*.

Por isso, a *reforma* possui o curso de uma *moeda má*: ela é um símbolo destituído de valor, uma máscara sobreposta às aparências; mesmo os estratos burgueses radicais temem a reforma e, se são arrastados a praticá-la, logo procuram um modo de refreá-la ou fazê-la retroagir. Os estratos mais conservadores e propriamente "liberais" da burguesia lidam livremente com a reforma, enquanto ela é uma hipótese longínqua ou um símbolo de despotismo esclarecido. Se ela se torna uma ameaça e tende a se concretizar, esses estratos resistem claramente ao "clamor pela reforma" ou a solapam discretamente, por baixo do pano, retirando-lhe todas as bases de sustentação possíveis. Em suma, percebem a reforma como a ponta visível da revolução, como se o todo fosse um *iceberg* muito perigoso. A filosofia consiste em não conceder nada essencial, pois "quem cede em um ponto cede em todos". O liame entre reforma e revolução fica feito, portanto, pelos de cima. Não porque, ao negar a reforma, só deixam aberta a porta da revolução. Mas porque o entrevero político caminha nessa direção. A transformação da ordem, como e enquanto tal, converte-se em processo revolucionário *stricto sensu*. As classes burguesas não fazem a "revolução dentro da ordem", já que só perderiam dividendos econômicos, culturais, sociais e políticos se a fizessem. Por conseguinte, tornam a mudança política muito difícil, para elas e para os outros, e *a revolução a partir de cima*, para fortalecer, expandir e dinamizar a ordem existente, impraticável.

Semelhante situação histórica não torna o Brasil um país menos capitalista. Ao contrário, revela por inteiro a qualidade do seu capitalismo, por onde ele passou (pelo colonialismo direto, o modo de produção escravista e a exclusão marginalizadora do "homem pobre livre") e por onde ele continua a passar (a superexploração da massa dos despossuídos, a opressão despótica e autocrática dissimulada sob o paternalismo e o patrimonialismo, a extrema concentração da riqueza, do prestígio social e do poder). Pode parecer que tudo isso combinado favoreceria a *explosão social*. Tudo isso combinado alimenta uma vivacidade paranóica do medo da explosão social, que conduz as elites e os estratos dominantes das classes possuidoras de uma forma de oligarquia a outra, sob os vários modelos existentes de democracia indireta. Mas tolhe, frustra ou elimina (pelo uso da força repressiva) a rebelião como fator de mudança social revolucionária dentro da ordem e contra a ordem. A questão é simples. Privados de meios de organização e de consciência, de participação econômica, social e política, os de baixo gravitam dentro de um mundo de *mínimos políticos*. Demoram décadas para alcançar o que poderia ser feito em meses ou perdem em uma cartada (aplicada sem dó pelos de cima) o fruto de longos anos de laboriosa *porfia com o destino.*

Só quando o desenvolvimento capitalista torna inevitável a diferenciação das classes e o aparecimento da luta de classes como um fator histórico implantado na realidade é que as coisas se alteram. O barco, superlotado e frágil, navega devagar, mas avança. As bandeiras vazias da reforma social ganham conteúdo e são desfraldadas para valer. Por fim, a reforma se desenha no corpo da sociedade civil: um imperativo do grau de desenvolvimento da economia e de sua base social organizada, ela ganha como advogados aqueles que deveriam estar, pela natureza das leis históricas, nas trincheiras de combate intransigente ao capital e aos privilegiados de toda sorte. Ainda assim, essas bandeiras não são erguidas por todos os desenraizados, oprimidos e explorados. É difícil entendê-las e mais difícil ainda levá-las avante sob a pertinaz sabotagem dos "liberais" e "radicais" ou "populistas" das hostes burguesas. Esse clima histórico infernal tritura os movimentos rebeldes autenticamente populares e proletários. Fracos para liberar e regularizar os fluxos oscilantes da revolução dentro da ordem, desorientam-se diante dos dilemas da revolução contra a ordem, que enfrenta vários anátemas dos sacerdotes dos credos políticos que se proclamam *reformistas* e *revolucionários*.

Diante desse assunto, o publicista não se vê no mundo de Alice – nem em uma fantástica casa de espelhos; ele se acha dentro de um universo histórico agreste, duro e cruel. A história pode ser, para os de cima, a simulação da história dos outros: vive-se, através da modernização, a vida dos norte-americanos de classe média alta ou de classe alta baixa. Os meios de comunicação de massa e os níveis de vida consolidam essa aparência de ilusão. Mas ela é, ao mesmo tempo, uma luta sem quartel para não decair daí, para não se perder arriscando os trunfos da modernização autêntica e da reforma social necessária. No outro pólo, o dos que assistem de longe às aparências dessa aparência de ilusão, ou a experimentam pela rama, a história é uma conquista do dia-a-dia, de um passo à frente e três para trás. A miragem visível oferece-se como alvo ideal. Contudo, ela é uma miragem. A luta desenrola-se como conquista do *ser gente*, em todos os planos (do trabalhar, do gastar, do viver, etc.), e por isso ela é intrinsecamente *política* e ruidosamente *reformista*. Ameaça a ordem, por se voltar para a sua transformação estrutural e histórica. Sem dizer a que vem e sem se voltar contra o capitalismo.

De uma perspectiva idealista européia, hegeliana, essa seria uma não-história (o Brasil como um "povo sem história"). O que não é verdade. *Essa é a história do Brasil*, a história que brota de dentro, que objetiva a reforma como uma realidade social tosca e a engata a um ciclo mais amplo, que vai da revolução dentro da ordem à revolução contra a ordem. Os de cima operam como uma correia de transmissão histórica: transferem para o interior do país os tempos vividos dos povos que se assenhorearam de suas mentes e corações. A grande massa do povo, na era em que a luta de classes se desliga do sufoco, sofre passivamente essa inundação, da qual se salva graças a seus problemas e dilemas reais. Remando contra a corrente, primeiro desatam os nós que prendem as reformas a um círculo vicioso sem fim; e, por aí, resgatam a revolução como sonho e como promessa, como realidade possível e como algo ao alcance das mãos. A história não é um ato de criação intelectual dos historiadores. Ela constitui um processo de autoliberação progressiva da massa do povo. Os que precisam emancipar-se coletivamente é que a conquistam – e a constroem. Isso, pelo menos, nos ensina o *Brasil moderno*, o que nos situa de hoje para a frente.

Aquém da reforma: conciliação e mudancismo

O maniqueísmo não faz sentido. É um equívoco pintar as classes possuidoras com seus círculos mais privilegiados e suas elites culturais como se estivessem empenhados em uma perversa campanha de sufocação deliberada do país. Mesmo em uma relação simbiótica, não faria sentido destruir parasitariamente a fonte de toda a seiva. Subalternização, conciliação, contra-revolução são processos sociais. Eles devem ser postos em seu contexto histórico: sob a escravidão, representaram uma coisa; sob uma economia de *trabalho livre* – mesmo que sob diversos "constrangimentos" –, significam algo bem diferente. O que deve merecer prioridade é a passagem relativamente rápida da contra-revolução, em clima de guerra civil a quente (em 1964 e, principalmente, em 1968-1969), para a *distensão*, a *democracia relativa* e a *conciliação conservadora*. O que essa passagem indica? Que as classes burguesas falharam reiteradamente. Primeiro, não conseguiram conduzir um regime de democracia restrita às transformações que se impunham, a partir de seus próprios interesses ou da absorção dos interesses das outras classes sociais. Recorreram à ditadura. Esta atingiu vários fins, mas não só falhou – faliu. A "paz social" só foi mantida graças a concessões *gradualistas*, à combinação grosseira do embuste com a repressão ameaçadora. Segundo, portanto, a ditadura não culminou em uma modernização conservadora capaz de reproduzir as condições objetivas de sua produção histórica. Ela se decompõe, via militar e de "negociação fechada", no seu contrário. As pressões sociais que provinham do próprio tope burguês e, principalmente, das classes médias, da pequena burguesia, do proletariado urbano e rural, das várias categorias de subproletários e de *Lumpen* desarticularam o *sistema* e, mais do que isso, impuseram às classes burguesas a busca de um equivalente político da ditadura. Terceiro, a história não foi bastante rápida. Ainda assim, porém, as referidas pressões retiraram dos estratos dominantes das classes burguesas a liberdade de ir além da conciliação pelo alto. Por conseguinte, estas são compelidas a aceitar composições fora de seu circuito exclusivo e exclusivista, composições que restauram o "populismo", a "demagogia" – em suma, a impotência política das elites no poder, o que não é outra coisa que a impotência das próprias classes dominantes quanto a enfrentar e resolver a crise crônica do poder burguês.

Essas evidências sugerem que a conciliação constitui um processo essencial, que precisa ser posto em seu lugar e examinado atentamente. Não se pode ignorar que a contra-revolução e a ditadura eram modalidades de conciliação, consagradas pela violência armada; e que a conciliação conservadora possui duas saliências militares: o sistema negociou e sancionou o seu desengajamento, ao mesmo tempo em que estabeleceu que às "forças armadas" caberia um papel político ativo de garantia da "transição democrática". A busca de um equivalente político da ditadura impunha-se, pois, como um alvo central, e este continua de pé não só para o que se pretende designar como "extrema direita". As classes burguesas revelam toda sorte de inquietação social e política, repudiando as tentativas de seu próprio governo de ultrapassar os limites da modernização conservadora, mesmo que apenas no reino das proclamações retóricas de boas intenções. . . Chegou a hora de se perguntar: por que a conciliação se erige na via de mão única que as classes possuidoras e suas elites percorrem nos "momentos de perigo"? Qual é o segredo dessa forma covarde de congelar a história e de ganhar tempo? Por que os grupos mais poderosos da burguesia e seus intelectuais orgânicos estão sempre dispostos a cerrar fileiras na defesa do *status quo*, em vez de cortarem os males pela raiz?

Tem-se tentado uma pseudo-simulação dialética. A conciliação abre o caminho da reforma, elas são interdependentes e alternativas. Ora, essa visão é simplista. A reforma, por mais mitigada e arrevesada que seja, só vinga quando a conciliação e os conciliadores se vêem inapelavelmente batidos em seus propósitos. A conciliação não gera a reforma nem conta como condição prévia para chegar a ela. A derrota dos conservadores e reacionários tira-lhes a capacidade de impedir a reforma, forçando-os a se deslocar no seu campo de luta. Aí, eles passam do conservantismo ao liberalismo, do reacionarismo ao democratismo, construindo suas tocas no terreno dos adversários. E, de lá, trabalham contra as reformas, solapando-as, desfibrando-as e esterilizando-as – ou seja, a reforma perde qualquer sentido radical ou revolucionário. Nasce morta. Por isso, é superficial e negativa a interpretação recente que confere aos "liberais" da ditadura e às "cabeças esclarecidas" da burguesia um papel tão amplo na construção de uma "recuperação democrática". Os deslocamentos que ocorreram não tinham esse sinal positivo. Eram movimentos de autodefesa, que visavam antes impedir uma desagregação incontrolável e demasiado rápida do regime ditatorial do que instaurar uma transição democrática plena e irrefreável. Os privilégios das classes burguesas, em suas vertentes internas e internacionais, são muito poderosos para que sucedesse o contrário. Por que atribuir virtudes democráticas tão sólidas a uma burguesia compósita, que sequer conta com condições para fomentar em seu meio um radicalismo liberal articulado?

Não há dúvida de que a posição autodefensiva das classes burguesas e de suas elites se vincula à defesa conservadora (ou reacionária) da ordem e à resistência à mudança. Todavia, é preciso retirar essa interpretação das distorções mecanicistas. A conexão histórica apontada não é automática e fatal. A conciliação se faz para vários fins (o que levou a ditadura militar, por exemplo, a pretender instaurar um "processo sustentado" de modernização controlada de cima e de fora). Se há uma "crise social" (ou algo que pareça uma *crise social* para o tope da burguesia), acaba prevalecendo a compulsão à "defesa da ordem". Esta quer dizer: manter a sociedade civil intocada, excludente, concentradora, etc. Entretanto, ver as coisas só por aí implica estreitar o campo de observação e de interpretação da realidade. "Evitar a instabilidade política" oferece-se como fórmula atraente e elegante. Só que tal interpretação apenas opera na área dos efeitos e dos concomitantes das causas que se repetem. *Isso não explica nada!* O capitalismo difícil das nações associadas e periféricas possui os seus ritmos históricos e *uma história própria*. Não se pode ficar no exterior desta quando se busca explicá-la. Permitir que os de baixo abalem a sociedade civil seria o mesmo que tolerar a revolução social. Admitir que a sociedade civil se recomponha para abranger todas as classes que participam do mercado, da produção e da circulação seria o mesmo que aceitar a República democrática em sua forma política burguesa mais avançada. Os estratos dominantes e as elites das classes burguesas não poderiam avançar em tal direção sem cometer suicídio, tornando-se eles mesmos os coveiros da ordem social existente. Não obstante, a história não se faz negativamente: mesmo as omissões possuem um sentido ativo e positivo, elas geram e criam história viva.

Essa conclusão pressupõe outra indagação. Por que a conciliação conservadora *precisa* banir a reforma da esfera das realizações concretas da burguesia? Se a reforma agrária é uma premissa histórica do desenvolvimento capitalista diferenciado e sustentado, por exemplo, por que as classes burguesas a excluem de sua órbita de atividade histórica criadora? Procurou-se explicar o assunto pela qualidade do bloco histórico hegemônico. Não existe nenhum setor da burguesia bastante forte para comandar os demais, para se tornar uma espécie de árbitro decisivo da situação. Uma impotência das partes engendraria uma impotência coletiva. Se existisse uma burguesia industrial e financeira bastante forte... Ora, ela existe hoje e as coisas não mudaram de figura. O que ocorre é que a burguesia industrial e financeira é compósita, possui uma costela nacional e outra internacional. Não existe unidade na cabeça da burguesia industrial e financeira porque não existe unidade em seu corpo e em seus processos vitais. O estrato verdadeiramente hegemônico, em termos econômicos, quer mudança sob controle, modernização gerenciada e comercializada a partir de cima. É assim que se situam as multinacionais, a superpotência capitalista e as nações capitalistas avançadas. O estrato que simula a hegemonia, por ser interno e "nacional" e por dispor de vínculos orgânicos com o Estado "soberano", luta pelo controle da mudança, mas acaba se submetendo à modernização calibrada e dirigida a partir de fora. Portanto, a situação é complexa. Os diferentes setores da burguesia só se unificam em termos restritos, de uma estratégia do que é mais ou menos elementar, como a intocabilidade da propriedade privada e o caráter sacrossanto da livre iniciativa. A conseqüência seria a fatalidade da crise do poder burguês, que se exprime nos dilemas de uma sociedade civil que não se civiliza, não se abre para todas as classes que ela mesma incorpora e não opera como uma formação social dinâmica, seja para o desenvolvimento independente do capital, seja para o desenvolvimento independente das classes trabalhadoras, seja para o desenvolvimento independente do Estado "nacional".

Essa descrição sumariza corretamente um vasto elenco de efeitos e de causas concomitantes. Mas ela incorre em um erro de ótica. Toma a composição das classes e, especialmente, a formação e as atribuições do bloco histórico hegemônico como algo em si e para si. Separa a economia da sociedade civil e a sociedade civil do Estado. O "drama", porém, não é da sociedade civil atrofiada, presa a um circuito fechado – é da totalidade. O capitalismo difícil das nações associadas e periféricas exige soluções específicas para a sua forma peculiar de acumulação capitalista acelerada. A conciliação a partir de cima, pelo tope, ou conservadora, retrata essa situação histórica limite. Os estratos dominantes e as elites das classes burguesas não têm como tornar operacional a reforma radical e revolucionária que, em outras condições históricas, o desenvolvimento capitalista sustentado e avançado exigiu e levou para a frente. Como diriam alguns sociólogos, a reforma radical e revolucionária surge como "disfuncional" para a forma de desenvolvimento capitalista de um país associado e periférico, qualquer que seja o seu modelo (capitalismo competitivo ou capitalismo monopolista, pois em ambos a dependência se reproduz e, com ela, os "constrangimentos" do segmento internacional e imperialista do bloco histórico hegemônico). A conciliação não é, pois, mera contingência histórica ou simples acerto de contas de significado político. Ela é, a um tempo, uma entidade histórica total – econômica, social, cultural e política.

Os "agentes da história" – os seres humanos que criam a história em condições determinadas – agem positivamente ao colocá-la em prática. O que desfruta de categoria histórica é a conciliação – não a reforma. Aquela bane esta, excluindo-a ou exercitando-a através de um equivalente, que é a modernização controlada a partir de fora e a partir de cima. O marco da história procede do exterior e as classes que operam como correias de transmissão do "progresso" (técnico, científico, político, etc.). são instrumentais para aquelas formas de mudança que *não perturbam a ordem*, que extraem do desenvolvimento capitalista o máximo de vantagens *para o capital privado* (nacional e estrangeiro), que asseguram à acumulação capitalista acelerada todas as condições "seguras" de reprodução ampliada, etc. Dessa perspectiva, a conciliação aparece como um processo macrossociológico de conteúdo histórico (variável conforme as circunstâncias, os fins, as vantagens relativas dos parceiros envolvidos, etc.). Ela se correlaciona com o desenvolvimento capitalista em todos os níveis que são importantes para a condução burguesa da economia, da sociedade civil e do Estado. De tal modo que incentiva as "classes dirigentes" a bloquear as reformas e as revoluções típicas do capitalismo para assegurar ao desenvolvimento capitalista e à acumulação capitalista o *máximo possível* de aceleração crescente.

O leitor dirá: eis aí uma descrição perversa, que pinta a conciliação como arma de exploração, de subalternização e de opressão nas mãos de uma classe burguesa que coloca seus privilégios acima da Nação e da possibilidade da existência de uma República democrática. É isso mesmo! Só que não existe uma compulsão para o mal, uma "maldade burguesa" convencional. Para que as coisas se alterassem relativamente (dentro dos limites da desigualdade econômica, social e política imperante sob o capitalismo, central ou periférico), seria preciso que ocorresse uma autonomização da condição burguesa e da situação nacional (que os Estados Unidos e o Japão sirvam de exemplo), de modo a imprimir uma revolução à ótica burguesa predominante. O capitalismo não exige por si mesmo a distorção apontada. Ela é produto da permanência do nexo colonial indireto. Uma burguesia que cultiva esse nexo e até trabalha para fortalecê-lo fica condenada a pôr o carro na frente dos bois, a estimar que os privilégios do capital são mais importantes que a soberania da Nação e que, de fato, *ela é a verdadeira nação*, cabendo-lhe legitimamente todas as prioridades.

Retirado o véu ideológico, a conciliação mostra-se como ela é (e como foi e continuará a ser, se não for eliminada). Os vários estratos das classes burguesas entendem-se por *conciliação de interesses*: à falta de uma coalescência social de classe suficientemente forte e elástica, na ausência de uma verdadeira solidariedade de classe, esses estratos apelam para arranjos momentâneos, esporádicos, mais ou menos superficiais, mas por isso mesmo duros para a Nação como um todo, estreitamente egoístas e invariavelmente oportunistas. Não possuímos uma burguesia compradora. Contudo, esses tipos de arranjos, com seu teor imediatista e particularista, forjam similaridades profundas com o estilo de pensamento e de ação da burguesia compradora. O poder real da classe não é uma arma ofensiva, a ser posta a serviço da Nação (o atual confronto com o FMI e com os banqueiros estrangeiros que sirva de exemplo!). É uma arma da classe, para ser usada pela classe e para a classe. Nos momentos de pânico, ou tidos como de risco potencial extremo, a conciliação permite centralizar o poder real da classe e aplicá-lo com efetiva racionalidade *para a classe* (tomem-se em conta os exemplos fornecidos pelo golpe de Estado de 1964 ou o modo pelo qual se chegou ao Colégio Eleitoral, à consagração de Tancredo Neves como "candidato democrático" e ao atual governo). Além disso, a conciliação não se faz só em termos do *pró*, ela exige um *contra* (o inimigo real, ou imaginário, que deve ser mantido em seu lugar, ou esmagado). O avesso da conciliação contém seu alvo oculto e sua racionalidade: não admitir brechas na subalternização dos de baixo, especialmente da massa pobre e oprimida da população, com as classes trabalhadoras e *suas ameaças* à frente. Os que conciliam entre si ligam-se como iguais, defendem a democracia dos mais iguais. Por isso, excluem *os outros*, os que estão fora de lugar e não entendem dos "assuntos públicos" ou não se dispõem aos "sacrifícios cívicos". Por fim, se a sociedade civil fornece o *locus* da conciliação, o seu objetivo último e essencial é o Estado. Não se trata, simplesmente, do controle direto e indireto do Estado. Mas de sua *apropriação*, pois ele constitui uma *appartenance* dos estratos dominantes das classes burguesas. Sem ele, o capital se perde e a burguesia reacionária se desorienta. Ele é o fundamento político do capitalismo difícil, sua mola mestra. A conciliação sempre envolve alguma modalidade de ataque ao "estatismo" e ao intervencionismo do Estado, especialmente quando se descortina que ele pode ser retirado da órbita da apropriação burguesa. A ele não caberia a função legitimadora, só a função acumuladora estritamente vinculada à iniciativa privada. O Estado só deve engolfar-se no jogo econômico a partir do capital e pelo capital, nacional ou estrangeiro (pouco importa), como condição de equilíbrio da sociedade civil, de harmonia das classes e de prosperidade da Nação.

O que espanta ao estudioso da história não é que semelhante processo social exista e se repita. É que ele se tenha alterado tão pouco da época do colonialismo direto até hoje. Ao se modernizar, a conciliação preserva sua estrutura e suas funções mais antigas e arcaicas. A classe e a lógica das classes substituíram o estamento e a lógica dos estamentos. Não obstante, a conciliação nunca sofreu uma crise de perecimento, um choque mortal. Daí ser ela tão perversa e terrível, pois mostra o Brasil indomável e selvagem dos *conquistadores*, dos que nasceram para fazer as pilhagens, convertê-las em negócios com os estrangeiros e suas potências, e para *dirigir a sociedade* dentro desse circuito fechado de particularismo estreito e de egoísmo insaciável. O que espanta ainda mais é que os estudiosos da história lhe prestem um culto inveterado. Tomam-na como o modelo do "jeitinho brasileiro", da sabedoria suprema, que incentiva a busca de soluções possíveis e de interesse comum, excluindo assim os tumultos dos "ideais impraticáveis" e os "conflitos que abrem sulcos irreparáveis". Nunca a ideologia foi tão caridosa com o mascaramento dos "interesses vitais da Nação", o que converte tais estudiosos em sacerdotes do atrofiamento burguês das instituições, técnicas e valores sociais do capitalismo.

O mito de que a conciliação elabora as condições históricas de um novo ponto de partida e prepara o caminho da reforma nem merece discussão. A conciliação é, em si e por si mesma, *contra-reforma*, o expediente para banir e excluir a reforma social da história viva. Não que a história do Brasil esteja suspensa entre dois pêndulos – o da conciliação e o da reforma. A conciliação se abate sobre nós e, em seguida, acaba destroçada pelo curso dos eventos, que a aniquilam em certo contexto mas não a suprimem para sempre. A impotência relativa das classes burguesas converte-a em um processo social recorrente, um monstro de sete cabeças, que renasce sempre que a mudança social reformista ou revolucionária parece "abalar os fundamentos da sociedade". Tal impotência impede as classes burguesas de recorrerem diretamente à reforma e às revoluções que o capitalismo reclama para se desenvolver como parte da história e agente histórico. Por isso, a conciliação pressupõe a resistência à mudança e algo ainda mais complexo, que é a esterilização da mudança. Ela só endossa a mudança "neutral", a mudança destituída de conteúdo reformista e revolucionário (mesmo que ela se origine da modernização imposta e controlada a partir de fora, pelo império central e pelas multinacionais). Portanto, a conciliação destrói a vitalidade intrínseca ao desenvolvimento capitalista na burguesia periférica. O "negócio", "o lucro", o "poder" como requisito da "ação racional com relação a fins" é o que conta e enterra a *alma burguesa* em um pântano irremediável.

Chega-se, assim, à temática do "mudancismo". A ditadura intimidou de tal forma os grupos mais radicais da oposição consentida que esta enveredou pelo caminho do uso da linguagem do inimigo (por exemplo, o golpe de Estado e a implantação da ditadura são designados como *revolução!*). A oposição consentida tornou-se conciliadora, sendo essa uma conciliação de linguagem fundamental com a própria ditadura. Mas os seus intelectuais orgânicos foram mais longe. Calibraram novos conceitos, que descrevem a realidade a ser criada pela tensão oposicionista contra a ordem no interior de uma perspectiva conciliadora, que serve à conciliação no que ela tem de mais característico e profundo. De fato, o que é *mudancismo*? O conservador chega à mudança social para preservar e fortalecer a ordem; o radical adere à mudança social para aperfeiçoar e, também, fortalecer a ordem; o revolucionário defende a mudança social para levar a ordem ao seu esgotamento histórico (às últimas fronteiras de seu "desenvolvimento possível") ou para destruí-la e substituí-la por uma ordem social nova. Qual é a conexão do mudancismo nessa escala de gradações exclusivas? O conceito não só é ambíguo e equívoco. Ele é formalmente vazio. O conservador poderá saturá-lo com suas inquietações e seus medos. O radical poderá atribuir-lhe um sentido construtivo e útil. O revolucionário, se for conseqüente, certamente se recusará a considerar o conceito como válido e o rejeitará. Mas o que é importante, aqui, para a reflexão crítica? O vigor com que a oposição consentida se apegou a esse *conceito vazio* e se enlaçou, através dele, com a lógica da conciliação.

Ao mesmo tempo em que se propala a "Nova República", não apenas se associa o principal partido da ordem a um "golpe de mestre" que requereu a conciliação pelo alto, mas se adota uma variedade de consciência de classe específica, que singulariza a burguesia reacionária. A conciliação converte-se em princípio e em fim, delimita o campo da mudança como "eqüidistante" (e portanto avesso) à reforma e à revolução. As classes burguesas, intimidadas diante da ameaça ímpar que poderia resultar de uma desagregação incontrolável do regime ditatorial, recebem como uma dádiva do céu um compacto ideológico de seu "*ideal de mudança*". O mudancismo, de uma esperteza contra o censor duro, metamorfoseia-se em ideologia de uma classe dominante em pânico. Da esfera burguesa mais radical não vem a proclamação firme da reforma social e da revolução dentro da ordem. Emerge uma articulação ideológica de compromissos díspares (e, por vezes, incompatíveis) com o nome de mudancismo. O que significa que nenhum estrato burguês se lança à arena histórica como paladino de uma causa ou defensor de uma bandeira. *Todos estão paralisados* porque não possuem sequer a coragem do campeão conservador (que se erige sobre o marco de "sangue, suor e lágrimas"). Aí está, visível e inequivocamente, o substrato social da indecisão da Aliança Democrática e do imobilismo do Governo Sarney. A mudança tem de passar por alguma via. A mudança que não opta não sulca o solo histórico. É uma anomalia, um atestado de que, "acima das classes", *não se muda nada*, nem para conservar, nem para reformar, nem para revolucionar.

Como proceder à "transição democrática" com semelhante disposição contemplativa? As classes burguesas querem as castanhas, mas se recusam a meter a mão no fogo para tirá-las. Se a democracia é uma "necessidade histórica", como alcançá-la sem se arriscar a mudanças sociais qualificadas? Virando as costas às suas tarefas políticas cruciais, a burguesia não procura atropelar os que tentarem tornar realidade a construção de uma sociedade nacional democrática? Ou seja, quer ou não voltar ao Estado novo, à República institucional, ou conquistar uma variante, como o "Estado de segurança nacional", que corresponde ideologicamente ao ideal de mudança sem reforma e sem revolução? Por aí se define de modo imediato o conteúdo burguês da *nova república*. É uma transição de um regime ditatorial para *uma república burguesa institucionalizada*, uma versão doce da autocracia burguesa sustentada pelo fuzil. A conciliação jogou sua rede, e fica claro quais são os peixes que gostaria de recolher. O ardil, no entanto, está fadado a murchar. A conciliação alcançou o apogeu com a vitória de Tancredo Neves e o presente "governo de transição". Agora, ela terá de fenecer, pelo visto aos poucos. O ardil desmascara-se pela indiferença ao autêntico combate democrático, pela clarinada anti-reformista dos reacionários e conservadores, pelo rancor estridente que se opõe com vivacidade às pressões democráticas que sobem de baixo, como uma torrente avassaladora.

Uma burguesia que não luta pela forma política burguesa de democracia arrisca-se a tudo. Em primeiro lugar, poderá ser forçada a ceder o primeiro plano a aliados armados, como já aconteceu e poderá suceder novamente. Em segundo lugar, terá de apelar para *recursos alternativos*, como a democracia do faz-de-conta, o que fica visível com a encenação que cerca a *nova república* e a montagem de uma farsa constitucional. Em terceiro lugar, abrirá, apesar de tudo, espaço para os que ela pensa estar combatendo ativamente, os segmentos mais radicais das classes médias e da pequena burguesia, e, em particular, os grupos mais firmes e decididos das classes trabalhadoras e das minorias excluídas. O eixo histórico da transformação democrática passa por todas as classes neste momento. Por impotência social, econômica e política, as classes burguesas negligenciam que o conservantismo, o reformismo e o revolucionarismo não são "meras ideologias", mas opções históricas que atravessam as classes e as lutas entre as classes. A conciliação ainda corre solta, conta com os trunfos mais fortes dos "empresários representativos", das "empresas estrangeiras", dos partidos que atraem maior apoio de massa, com o poder dos governantes, etc. Os meios de comunicação de massa concorrem especialmente para aumentar as confusões e as ambigüidades da situação, alimentando a continuidade do "espírito de conciliação" e a eficácia da conciliação particular que produziu o atual governo. Mas ela já tropeça sobre as próprias pernas, sem responder às ansiedades dos conciliadores.

Dentro dessa moldura histórica, o paradoxo que se configura é óbvio: que democracia poderia inspirar-se no mudancismo de uma burguesia que luta com unhas e dentes por seus interesses de classe, mas acredita na perenidade da conciliação pelo alto, na continuidade da democracia dos mais iguais? Porque, queiramos ou não, existe apetite excessivo por uma coisa e horrível falta de apetite por outra. Em um momento de crise do poder burguês, a burguesia não confia na solução que viria do ciclo democrático — e a repele. O mudancismo que a fascina é uma flauta de encantador de serpentes. Tocando-a, pensa manter o mundo como ele é. Ora, a propaganda da "nova república" e o civismo de fancaria que se enternece com a "volta da democracia" não lograrão esse objetivo. O compasso de espera está se esgotando. Mesmo que se consiga atravessar alguns anos sob aparente calmaria, as demais classes recusam-se a obedecer às diretrizes compassivas da *conciliação democrática* (que não logrou conciliar inclusive os parceiros mais ativos e espertos do movimento conciliador). A sociedade brasileira vive um momento de revolução democrática. Se a burguesia, como um todo, não pode ser revolucionária e se os seus estratos mais poderosos já se localizaram a favor da *transição conciliadora*, a democracia nascente poderá ser, a um tempo, o túmulo da conciliação, da conciliação entre as classes e do império oligárquico dos grandes conciliadores. Mudancismo ou reforma? Mudancismo ou revolução? A burguesia não sabe como responder a esse enigma. Saberão as outras classes? Pelo menos, começam a aprender que o enigma existe e procuram respostas menos evasivas e mistificadoras que as fornecidas pelo mudancismo.

Além da resistência: as duas faces da revolução

A dissolução de uma ordem social iníqua, de um dado antigo regime, depende da existência de uma classe (ou de um estamento ou de uma casta) que possa tornar-se revolucionária na luta pela liberdade e contra a opressão. O *antigo regime* sempre se recompôs no Brasil. Aqui não ocorreu uma desagregação da sociedade colonial: só a sua transformação. Os estamentos senhoriais tomaram o controle do poder central, através do Estado "nacional", e realizaram uma revolução social e política dentro da ordem, preservando as estruturas da produção escravista e restabelecendo os vínculos coloniais através do mercado mundial (pela *dominação indireta*, a "*indirect rule*", a partir da qual foi montado todo o sistema de uma economia de exportação de bens primários e de importação de utilidades, do capital financeiro, etc.). Em seguida, ocorreu outra grande ruptura. A desagregação do escravismo ofereceu a oportunidade de uma revolução social de porte histórico decisivo. No entanto, os escravos foram alijados ou reabsorvidos pelo regime de "trabalho livre", os homens pobres livres viram-se compelidos a se lançar no mercado, como vendedores de força de trabalho e "assalariados", e os setores burgueses (como os fazendeiros de café e os médios ou grandes comerciantes, os banqueiros, os representantes mais conspícuos e ativos das profissões liberais, os jornalistas e professores, etc.) limitaram-se a promover a substituição da monarquia pela república. Os imigrantes e os assalariados com posição social consolidada estavam empenhados em "conquistar um lugar ao sol" – uns pretendiam "fazer a América", outros queriam "ser gente". A revolução foi reduzida às suas proporções históricas, como uma revolução política com fortes ressonâncias sociais. Ainda assim, ela desenhou a mais significativa e profunda *revolução brasileira*. Mais tarde, com a Aliança Liberal e a crise das oligarquias vinculadas ao colonialismo indireto e à economia de exportação, formou-se uma forte crispação revolucionária, desfeita pelo recurso ao Estado Novo. Este forjou as condições econômicas, sociais e políticas de composição das classes sociais proprietárias e dominantes, assentando as bases históricas da incorporação direta da economia brasileira ao sistema de produção e de poder mundial do capitalismo (processo que se iria desenrolar com oscilações, até atingir os dois picos das décadas de 50 e 70) e de constituição de uma oligarquia diferenciada, articulada para redefinir os alvos internos e externos do desenvolvimento capitalista. Sob esse aspecto, o golpe de Estado de 1964 entra em um painel de larga duração, pois ele restaura e redefine uma "tradição política". As "revoluções" são concebidas como soluções ao alcance das mãos dos poderosos, a "reforma dos que podem e dos que sabem"!

Portanto, só dos oprimidos restaria esperar uma ruptura com essa tradição de pseudo-reforma e de pseudo-revolução. Cabe-lhes cortar o nó górdio de uma história que enlaça a burguesia, em escala quase coletiva, ao conformismo pró-imperialista e à reprodução do "antigo regime" sob novas bases e novas formas. Em dados momentos, o "antigo regime" vigente parece condenado a se dissolver para ressurgir com novas estruturas, novos ritmos históricos, novas ilusões de progresso. A cada passo, porém, as fendas da sociedade civil se alargam e o vulcão que ameaça varrer as iniqüidades refeitas se mostra mais claramente e de modo mais ameaçador. Ao longo deste século, surgiu um novo tipo de classe oprimida, que reúne meios para enfrentar os que defendem a estabilidade, a reprodução e a ampliação de uma ordem social fantástica: 1/3 antigo regime *colonial*, 1/3 antigo regime *moderno*, 1/3 *sociedade industrial* avançada. E, o que importa, uma classe oprimida no sentido específico do termo, isto é, verdadeiramente revolucionária (embora o seu caráter revolucionário não apareça exteriormente com a mesma vitalidade que possui na composição do meio social interno). O sentido histórico dessa classe oprimida, porém, não é só latente, uma potencialidade em vir-a-ser, que se esfuma no futuro longínquo. Ele é atual e se configura como algo que solda entre si o presente vivo ao futuro próximo. Se não é uma realidade "conjuntural", trata-se de uma realidade em elaboração, com tendências à expansão acelerada, a qual confere aos processos históricos emergentes ritmos rápidos e palpitantes. O seu vigor não procede apenas de sua atualidade — ele vem do fato de que tal realidade resume todas as forças de opressão que soldaram os estamentos senhoriais, primeiro, e as classes privilegiadas, em seguida, às variedades recompostas de antigos regimes.

O regime de classes, que nasceu e cresceu da associação da produção capitalista ao aparecimento e expansão do trabalho livre, conferiu aos proletários aquilo que as classes burguesas não puderam desempenhar: a tarefa histórica e política de levar até ao fundo a desagregação de todas as formas de opressão, de todos os antigos regimes, de todos os privilégios pré-capitalistas e subcapitalistas estanques, que alimentaram uma acumulação capitalista acelerada parcialmente arcaica, parcialmente moderna e parcialmente ultramoderna. Embora sejam uma classe oprimida de formação recente, os proletários não têm saída nos limites da "revolução imperialista" da periferia. O que ressalta, aos olhos do publicista, é que essa classe oprimida não só herda "tarefas não-cumpridas" da burguesia. Ela precisa arrostar, destruir e enterrar o que sobrou dos vários antigos regimes sucessivos, que serviram de suporte a uma variedade de burguesias (coloniais, neocoloniais, dependentes, etc.) e alimentaram os dinamismos de um desenvolvimento capitalista híbrido, em parte crescido a partir de dentro, em parte induzido a partir de fora. Sob esse prisma, ela não surge como uma classe proletária que deve ser coveira de uma burguesia nacional forte, relativamente autônoma e conquistadora. O seu tempo histórico revolucionário é complexo. O seu ímpeto revolucionário deve ser bastante forte e elástico para pôr em questão todas as formas de opressão, com tempos históricos distintos, que a dominação de classe burguesa encarna, sustenta e revitaliza na cena social brasileira.

O paradoxo da situação consiste em que a burguesia, que se acomodou e se fortaleceu com essa conglomeração de formas sucessivas e contraditórias de opressão, as quais ela simulou destruir simplesmente para provocar articulações políticas autodefensivas e agressivas mais eficazes, vê-se impelida a combater o que ela deveria ter feito (fossem outras as condições históricas). Não realizou certas tarefas históricas e políticas aparentemente burguesas e chega a um impasse, pois aquilo que não realizou (e não poderia fazê-lo) se volta contra ela, sua dominação de classe e seus estreitos ideais de segurança "nacional" (isto é, seus ideais de segurança de classe, que usam a Nação e o Estado como fonte de defesa de um conservantismo predatório). De outro lado, o paradoxo esclarece a complexidade dos papéis históricos específicos das classes oprimidas: quer na destruição das várias soldagens que mantêm vivos tempos históricos supostamente mortos; quer na construção de novas vias de diferenciação e de despojamento de estruturas econômicas, sociais e políticas exigidas pelo desenvolvimento capitalista e, simultaneamente, para a sua superação e dissolução. Os proletários emergem, pois, como coveiros do passado remoto e recente, de uma burguesia nacional de horizonte intelectual e político vesgo, de uma burguesia internacional ávida de lucros e de "controle global", e de uma sociedade civil sem alternativas para os de baixo. Daí resultam tarefas históricas e papéis políticos que não podem ser entendidos à luz das revoluções burguesas "clássicas" e das revoluções capitalistas atípicas (como as da Alemanha e do Japão). Os proletários estão atados a cadeias invisíveis, que os prendem às várias formas de opressão e às suas vítimas. A "emancipação da classe" não pode ser um processo unilateral, dos proletários em si e por si mesmos, lutando para si; ela envolve os *outros proletários*, mais ou menos privados das condições de constituição de classe, porém ainda mais oprimidos e explorados; e pressupõe também estratos de classe que deveriam ser burgueses, mas são proletários disfarçados e a contragosto.

Pondo-se todas as coisas em seu lugar (histórico e específico), o que se descobre é uma situação revolucionária complexíssima. Os proletários industriais e urbanos não passam de uma vanguarda das classes perenemente subalternizadas, oprimidas e exploradas. Não são herdeiros de uma tradição política revolucionária nem legatários de causas políticas antes patrocinadas por estratos anticonformistas e radicais da burguesia. A acumulação de forças (em sentido revolucionário) favoreceu exclusivamente os donos do poder, que empregaram tais forças de modo contra-revolucionário e autocrático. Herdam a humilhação secular dos escravos, dos libertos, dos homens livres pobres, dos imigrantes que "não tiveram vez" e do imenso exército dos "miseráveis da terra", dos que foram massacrados socialmente no campo e nas cidades pela forma monstruosa de exploração capitalista "periférica", que associa estruturas arcaicas e coloniais a estruturas modernas e ultra-avançadas. Esse acúmulo de sentimentos negativos e da compulsão à emancipação coletiva não gera ódios simples, a vontade de estabelecer a "normalidade das coisas". Não existe "normalidade das coisas" para os que são excluídos e para os que participam da mesa graças aos proventos do trabalho "livre". Para eles, a "normalidade das coisas" está em aberto, resta a ser criada e só pode surgir por suas mãos. Não é uma "normalidade das coisas" que passe pela ordem existente, pois a ordem existente se esqueceu deles, de Deus, da Pátria, da Civilização, dos Direitos Humanos, da Paz Social e de tudo o mais. O ódio não se formou como uma objetivação coletiva. Mas existe como coisa palpável, pesadamente no ar, que assusta todos os que se percebem e se pensam como mais ou menos privilegiados, que *têm o que perder com a transformação real da ordem existente*. Algo que aparentemente não existe, mas possui corpo histórico denso, como um movimento espontâneo, subterrâneo, incontrolável, dos que cobram (ou estão prestes a cobrar) o preço de tamanho encadeamento de erros e horrores.

O publicista não dispõe de um bom termo para designar essa realidade invisível mas decisiva. Sem ser uma objetivação do ódio, ela é, não obstante, um equivalente histórico do ódio (em todos os níveis – psicológico, cultural, político, moral, etc.). A falta de compaixão e de humanitarismo dos de cima engendrou essa forma negativa de simpatia profunda, que gera vínculos entre os humilhados e ofendidos de várias categorias. O contexto histórico de um regime de classes já complexamente diferenciado e de uma luta de classes já bastante sólida para desabar sobre a supremacia burguesa oferece uma base social fértil à fermentação e amadurecimento desse equivalente histórico do ódio. Em si mesmo, ele se converte, nas tensões dos de baixo com as iniqüidades da ordem social existente, em anticonformismo larval ou rudimentar. Foi e é, ainda hoje, amplamente manipulado pelos de cima (através da demagogia falsamente radical e populista). Mas tende a perder esse traço ambíguo. A universalização (como tendência) do trabalho livre e a difusão e crescimento do regime de classes sociais estabeleceram uma ponte entre esse tipo de anticonformismo e as formas mais ou menos organizadas da luta de classes (o que causa similaridades entre as cidades industriais e o campo, mesmo nas áreas tidas como "mais atrasadas"). Assim como os de cima se entendem e se unem através da sustentação de um complexo psicossocial elementar de autodefesa coletiva (sendo a propriedade privada o principal elo de unificação dos interesses de classe dos possuidores), os de baixo se entendem e se unem através desse complexo psicossocial elementar de autodefesa coletiva (ao mesmo tempo, de rejeição da ordem existente e de unificação dos de baixo em torno de interesses comuns compartilhados). Vendo-se a cena histórica como um todo, adquire-se uma clara noção de como as várias camadas do passado convergem para o presente e se tornam fundamentais em relação às rupturas que se abrem para o futuro. A classe proletária dinamiza uma potencialidade de conflito que nasce nos confins de todo o imenso universo dos humilhados e oprimidos – e que transcende os limites do regime de classes. Objetiva-se, assim, uma moldura histórica própria do imenso mundo da "gentinha" e se distribuem por todo o Brasil condensações explosivas, que podem ser detonadas a qualquer instante, desde que surja a fagulha incendiária. O anticonformismo larval ou rudimentar contrapõe-se ao conservantismo obcecado dos de cima e projeta a luta de classes dentro de um clima humano de "ranger de dentes" (de hostilidade fria e de raiva *recalcada*), reduzindo quase a zero o compasso de sedução da ordem existente *tal como ela é*.

Portanto, as classes subalternas e subalternizadas não são fatores de negação da ordem existente, a partir da perspectiva da sociologia construtiva ou de uma teoria dogmática da luta de classes. Excluídas (e negadas em seu ser) pela ordem existente, elas se repõem na cena histórica como forças vivas de criação de uma história com fronteiras próprias. O opressor pode retardar a emancipação coletiva dos oprimidos. Mas não pode suprimí-la. E quanto mais tenta submeter o curso da história a seus propósitos mesquinhos, mais e melhor contribui para represar aquelas forças, convertê-las em uma gigantesca ameaça e deixar a ordem social iníqua à mercê de rupturas pavorosas (para todos, mas, especialmente, para os de cima). O enlace entre o passado (recente e remoto) e o presente se faz, pois, através de dinamismos que podem (ou não) atualizar-se e que esclarecem que *um passado que não foi resgatado não pode ser um passado morto*. Ele flui no presente e na direção do futuro, servindo como contrapeso ao despotismo e ao particularismo das classes possuidoras e privilegiadas, que se riem da revolução dentro da ordem e da democracia burguesa, certas de que sempre terão um jeito de guilhotinar uma vontade coletiva pulverizada e submetida, ou de ultrapassar, pela violência institucionalizada, as situações mais difíceis, constrangedoras e perigosas. Ao se alterar, a sociedade de classes libera o passado de seus grilhões e vomita sobre os privilegiados o odor e o rancor dos "deserdados".

Para se compreender a veracidade e o alcance desse painel, é preciso decompor o "grande medo" da burguesia (nacional e estrangeira). Esse medo coloca lado a lado a massa pobre (camponesa e urbana) da população e o proletariado urbano propriamente dito. As autodenominadas "classes produtoras" (ou classes conservadoras e proprietárias) não isolam um elemento do outro. Em sua inquietação diante dos riscos da "explosão social", apanha-os em conjunto, certeiramente, como se fossem o "inimigo da ordem", a chave do "problema social". Isso quer dizer que os que se organizam em classe não são *perigosos*? Ou então que a massa dos destituídos, mais excluída, oprimida e espoliada, esteja fora do circuito histórico e da *criação da história*? É óbvio que não. As duas perguntas levantam um mesmo dilema para as classes possuidoras e privilegiadas: como atravessar esta fase "delicada" e "conturbada" sem permitir que *massa* e *classe* se incendeiem uma à outra. Uma sociedade que não entrou por inteiro na idade do regime de classes e que regula a maioria das tensões e dos conflitos fora e acima dos meios institucionais de relações e de lutas civis entre as classes teme a *massa* (dos pobres) e a *classe* (dos trabalhadores), mas possui um medo ainda maior da conjunção e união das duas entre si. Essa é a história concreta. O analfabeto e o rústico são tão agentes históricos quanto o alfabetizado, urbanizado e proletarizado. Na verdade, do mesmo modo que a burguesia interna se apóia na externa, os destituídos mais pobres e espoliados se apóiam nos destituídos que compõem o exército de trabalhadores. As estruturas sociais diferenciam, sem segregar, unidades que são homólogas ou que possuem o mesmo peso e significado históricos. A *rebelião*, da perspectiva dos "conservadores" e na percepção da "massa reacionária da burguesia", constitui um estado coletivo de hostilidade e repulsa à ordem existente. O "inimigo interno" encontra aí a sua oportunidade, pois a conjunção e a união mencionadas de massa e de classe oferece-lhe os meios e o cenário. Não fosse isso, a agitação social seria uma brincadeira de adultos transviados do espírito da ordem...

Essa delimitação do tempo histórico é deveras importante. A história que não é arrolada oficialmente é a história que comanda as crises de consciência e de poder das classes dominantes. A negação da ordem existente, que procede da conjunção e da união da massa dos excluídos com a classe dos trabalhadores, incide diretamente nos dois planos da história: o das estruturas e o da conjuntura. O grande medo da burguesia retrata a história oficial, com as tentativas de travar uma irrupção avassaladora dos de baixo. Ele fixa os ritmos fracos, oscilantes e sinuosos que os de cima querem imprimir à transformação das estruturas e à alteração da conjuntura, já que a estaca zero é impossível. Portanto, o povo faz história; com sua presença, a sua existência e as anomalias que ele representa, a sua aparente carência de vontade histórica exprime o inverso do que se toma por verdadeiro. Os que se movem no reino dos fantasmas gerados pelo grande medo, que se atribuem a vontade e o poder de moldar a ordem pelos interesses da iniciativa privada e os "valores da civilização", de fato se paralisam e tentam em vão descolar a transformação das estruturas da alteração da conjuntura. Ao alcançar um patamar "maduro" e "avançado" de desenvolvimento, o regime de classes retira a massa dos excluídos do seu isolamento e converte os proletários no aríete que pulveriza as ilusões históricas dos poderosos. Assinala-se, assim, a precipitação de um processo revolucionário singular, que passa ignorado (embora entre no mundo das notícias e da comunicação cultural por seus efeitos) do registro oficial. Há uma revolução silenciosa em marcha, uma revolução ligada aos deslocamentos internos de milhões de miseráveis, que esfacelam pura e simplesmente a ordem existente (a qual não se move para absorvê-los – pois não tem como!), e ao clamor dos que se proletarizam (também aos milhões), vinculando entre si várias formas de população excedente, o exército ativo dos trabalhadores e o imenso, incontável, exército industrial de reserva. Uma história que parece sem bússola, mas que caminha rapidamente na direção de uma *sociedade nova*, como produção social dos oprimidos.

Esse painel nada tem de "romântico" e de "utópico". O que ele oferece, ao analista ou ao curioso, é um retrato que concretiza o que os historiadores e antropólogos das nações centrais crismaram com a expressão "o despertar das nações subdesenvolvidas". O despertar em questão constitui um pesadelo para as classes dominantes "nativas" e para o sistema capitalista mundial de poder. O despertar marca, também, como e quando a *rebelião dos oprimidos* se transfere do subterrâneo para o centro da história (em plano "local" e em plano "internacional"). Tal momento é crucial. Ele assinala o aparecimento de uma classe subalterna – a dos trabalhadores – que se recusa a ser vítima permanente da subalternização e que volta a subalternização contra o antigo regime vigente. Na verdade, pois, despertar equivale a se rebelar, a recusar o mundo como ele é ("e sempre foi"...). Para destruir a opressão existente, torna-se necessário destruir todas as formas de opressão que se sucederam e, ao longo do tempo, se mantiveram unificadas pelos liames do capitalismo selvagem e difícil, de origem colonial. A luta política deixa de ser uma luta entre facções "civilizadas" de uma só classe – a dos donos do capital e do poder – para ser literalmente uma luta de classes antagônicas. Aí, o antagonismo entre classes data o fim da era da conciliação e do sistema de conciliação como monopolização do poder por uma só classe. A conciliação sobrevive, mas se defronta com os desafios que vêm de baixo, com a necessidade de se desmontar como mera aparência de reforma (e realização das reformas dos privilegiados) para se plebeizar e se banalizar como *reforma social* para os que desejam a transformação revolucionária da ordem, a supressão do antigo regime vigente (e de todos os antigos regimes que ele resume e reproduz). Penetra-se, assim, em outra era histórica: a das classes como entidades históricas, como a base estrutural de dinamismos específicos de negação e transformação da ordem. Surgem em cena os famosos "coveiros", cuja função consiste em desmoronar a sociedade velha e em produzir uma sociedade nova.

Na situação brasileira, essa passagem é tempestuosa. Os de cima aceitam a reforma como retórica, mas só absorvem a reforma que consolida suas posições na estrutura da economia, da sociedade civil e do poder. Ora, os trabalhadores, ao se organizarem e ao começarem a agir como classe social, não se contentam com as "posições de resistência", conquistadas automaticamente pela formação e desenvolvimento do regime de classes. Eles vão e precisam ir adiante, pois do contrário ficariam marcando passo, contemporizando com a ordem existente e as mascaradas "democráticas" dos donos do poder. Enquanto a conjunção e a união de massa e classe caracterizam a eclosão do Povo na história, no início da década de 30, a irrupção e o predomínio da classe assinalam a evolução tormentosa, que se acelera do fim da década de 50 em diante (com o apogeu, que se configura em 1976, e se propaga, oscilante, até hoje). A sociedade civil se encrespa sob a pressão autodefensiva das classes burguesas. Mas a contrapressão proletária se avoluma e se intensifica, procedendo de múltiplos pólos, grandes, médios e pequenos, das cidades e do campo. A crispação traz consigo uma voragem: *a idade das revoluções*. A reforma, na linguagem política dos oprimidos e da classe trabalhadora, quer dizer *revolução dentro da ordem* (a revolução que a burguesia não precisou fazer e dirigir; e contra a qual ela se colocou com toda a tenacidade). Deixar esse tipo de revolução sem resposta, por sua vez, não pressupõe a aniquilação do anseio revolucionário que a gravitação da classe operária disseminou na sociedade civil e fora dela (especialmente na massa dos oprimidos e espoliados). Implica deslocar a revolução, mudar a sua qualidade – convertê-la, com o andar do tempo, em revolução contra a ordem. Isso não quer dizer que os que pedem os anéis, hoje, exigirão os dedos, amanhã, se não forem atendidos. O que se descortina é a natureza do salto histórico que poderá (ou não) concretizar-se. Uma burguesia alienada da situação histórica é um ingrediente formidável para o fortalecimento das revoluções proletárias.

Delineiam-se, assim, as duas faces da revolução. Os que falam em "era da democracia" suavizam a realidade. De fato, há uma revolução que poderá conduzir à democracia, mas uma democracia com vários rostos e diversas vozes, uma democracia multirracial, multirregional e multiclassista. Essa forma de democracia nunca existiu no Brasil – nem nunca existirá sob a égide da "conciliação pelo alto". Ela só poderá nascer desta conjuntura em que vivemos se as classes trabalhadoras e seus aliados reais ou potenciais se revelarem bastante fortes para esfacelar a forma econômica do desenvolvimento capitalista, a forma social da sociedade civil e a forma política do Estado "nacional", isto é, se forem bastante fortes para provocar e conduzir uma transformação revolucionária das estruturas da economia, da sociedade e do Estado. De outro lado, é um erro pensar que, se essa condição não for realizada, a mudança social revolucionária sumirá do mapa. O caminho mais reto da revolução contra a ordem não é o que se configura através da revolução dentro da ordem. Reprimida e comprimida, a revolução pelas reformas cede lugar à revolução sem meias medidas, que confere aos oprimidos e às classes proletárias o acesso direto a uma democracia de maioria e à transição para o socialismo. O grande medo da burguesia possui, pois, razão de ser. Sua incapacidade de fomentar reformas sociais verdadeiras, dentro e através do capitalismo, converte em aventura todo passo à frente.

No entanto, a era das revoluções instaurou-se historicamente. Enquanto as classes burguesas mais ou menos liberais e conservadoras se apegam ao roteiro da *transição democrática*, herdado da ditadura, as classes proletárias (englobando-se campo e cidade) e os setores radicais da pequena burguesia e das classes médias avançam na direção da *revolução democrática*. Essa revolução não antecede, mas depende de uma transformação da sociedade civil. Todas as classes precisam ter peso e voz na sociedade civil a fim de que, em sua luta política, possam concorrer para o nascimento de uma forma compósita de democracia. Por isso, *revolução democrática* não é um conceito vazio. Ao contrário, designa uma possibilidade concreta, a qual, por sua vez, logrará realizar-se (ou não) de acordo com as marchas e contramarchas das relações e lutas sociais de classes. Uma era de revoluções não significa o mesmo que uma restauração do passado (revoluções burguesas), reforma capitalista do capitalismo, "*welfare state*", ou um equívoco sobre o futuro (a revolução será especificamente proletária ou não haverá revoluções). No caso brasileiro, o conceito indica que os oprimidos, em geral, e as classes trabalhadoras, em particular, procuram desprender-se da tutela paternalista dos "conservadores" e tentam imprimir à sociedade civil e ao Estado uma forma autenticamente democrática. Ultrapassando os objetivos defensivos da classe, avançam no sentido de comprimir (para, em seguida, eliminar) a supremacia burguesa e de se preparar para lutas políticas complexas, que envolverão o controle indireto ou direto do Estado e a conquista do poder. As exteriorizações dessas tendências parecem fracas e incertas (e seria inútil negar tais fatos). Não obstante, elas existem e colocam na ordem do dia os problemas da descolonização sob o capitalismo tardio, os dilemas da revolução nacional impostos pelo socialismo proletário e as exigências da revolução democrática formuladas por uma ótica de dominação de classe de maioria. As classes trabalhadoras e a massa dos oprimidos não são advogados *ex officio* da "democracia burguesa", repudiada pelos próprios genitores. São agentes de uma revolução social que começa sob a compulsão vigorosa do contra-ataque vitorioso da mais recente "conciliação conservadora". Por isso, devem medir cuidadosamente meios e fins, para não serem deslocados de novo, seja pela via tortuosa do "populismo", seja pelo imprevisto de uma repetição do "golpe dentro do golpe" (como em 1964 e em 1968-69).

Esse delineamento permite entender objetivamente a confusão entre miragens e realidades que se oculta por trás do conceito de *nova república*. Uma Nova República está sendo construída. Mas ela não é, em termos de estruturas sociais e de processos políticos de longa duração, uma república burguesa de corte oligárquico, de elites tradicionais, tecnocratas modernos e comando vertical. Suas premissas econômicas, culturais, sociais e políticas são colocadas pela interação de massa popular e de classe trabalhadora independente, pelo radicalismo de estratos das camadas burguesas (ou semiburguesas) que não se satisfazem mais com o prato de lentilhas e pelas contradições de uma sociedade civil que cresceu além dos limites de um capitalismo de espoliação imperialista e de acumulação originária permanente. Portanto, são premissas históricas que exigem transformações revolucionárias da ordem existente e localizam a *república democrática* no campo cerrado da luta de classes. Os de baixo fornecem, a um tempo, a bússola e a moldura histórica da *nova república*, que tem de se desprender de todos os ranços do passado e se defrontar com interesses, valores e fins nacionais que nunca contaram na contabilidade pública da Nação. É paradoxal e sintomático que os intelectuais orgânicos da burguesia liberal e conservadora propalem, com índices invertidos, as bandeiras de uma nova ordem republicana e que, por sua vez, os verdadeiros esteios dessa burguesia voltem as costas e combatam encarniçadamente tudo o que possa pressupor a concretização de tais bandeiras. Sob as aparências de uma "nova república" e a mentira sistemática das bandeiras desfraldadas como forma de despistamento, querem restabelecer uma república "constitucional" de cabresto curto.

Entre as diversas reflexões que essa situação peculiar suscita, é importante assinalar o que a própria situação representa como realidade histórica. Parece fora de questão que vivemos um momento de ruptura profunda, no qual se evidencia com a maior clareza possível o divórcio entre o passado e o presente. Em outras palavras, o presente traz em seu bojo um *futuro diferente*, do qual "liberais" e "conservadores" não poderão livrar-se. Eles estão sendo deslocados para posições defensivas, que não lhes permitem monopolizar *o comando do poder*, enquanto os vários tipos de subalternos ocupam as trincheiras e se lançam aos combates pelos quais serão construídas a nova ordem e a Nova República. Massa oprimida e classe trabalhadora convertem-se, nessa situação, em massa de manobra. Elas são, também, os condensadores das novas forças sociais e os impulsores do movimento de rebelião, por enquanto em fase de contenção e dispersão. Contudo, as forças e o movimento se desgarram das matrizes históricas imperantes e se impõem, eles próprios, como matrizes históricas primordiais da sociedade civil em elaboração e do Estado democrático que ela germinará. Por aí se configura, dramaticamente, a revolução democrática em processo e quais são as relações que as entidades sociais dos de baixo, institucionalizadas ou não, deverão manter com esse processo, para preservá-lo, fortalecê-lo, levá-lo a seus objetivos cruciais.

Aparentemente, foi a ditadura que forçou o aparecimento de muitas dessas entidades. No entanto, elas puderam surgir e atuar porque existiam condições para que elas se criassem e crescessem, apesar da ditadura e do esforço que esta fez no sentido de paralisá-las e destruí-las. Estão nessa categoria as comissões de fábrica, as organizações de bairro (ambas de origem anterior), as associações camponesas, as comissões de defesa dos interesses de minorias, de justiça e paz, etc. De outro ângulo, cabem nessa enumeração as alterações ocorridas no funcionamento e significado dos sindicatos dos trabalhadores e dos partidos de esquerda. As transformações do modelo do modo de produção capitalista, do regime de classes, da ordenação da sociedade civil, etc., impuseram a sindicatos, partidos e outras organizações dos proletários e dos trabalhadores semilivres que transpusessem o círculo vicioso em que se mantinham, como prisioneiros e fatores da ordem social estabelecida. Ao se desprenderem das antigas matrizes históricas, esses organismos conquistaram a liberdade (e o dever) de buscar caminhos independentes, de se rebelar, para começar, contra a condição visível ou dissimulada de "cauda histórica" da burguesia. Nesse sentido, o velho populismo está condenado ao perecimento. A massa popular busca uma forma política de populismo que a exprima com autenticidade e que seja um elemento de ruptura (e não de conciliação) dentro da ordem existente. A classe trabalhadora busca uma forma política de luta de classes que coloque o capital (e não o trabalho) no pelourinho. E por aí afora...

Com isso, o conteúdo da luta social e política adquire outra importância. Sindicatos e partidos, por exemplo, não são apenas advogados da causa popular e proletária. São instrumentos de ação e de consciência social, meios para atingir fins (no caso, acelerar os ritmos das mudanças da ordem, implantar as reformas capitalistas que a burguesia condenou, liberar a revolução contra a ordem da estigmatização ideológica) e, por isso mesmo, formas sociais carregadas de conteúdo ideológico e político. O sindicato que se diz "apolítico" é um sindicato esterilizado (e anulado) pelos interesses e valores das classes sociais dominantes. O partido "popular" ou "proletário" que se diz neutro com referência ao anarquismo, ao socialismo e ao comunismo é um partido domesticado pelos donos do poder. Ao atingir a presente fase, na qual a independência relativa da classe aparece como marcante e a capacidade de enfrentar a supremacia burguesa é visível, os proletários redefinem as tarefas ideológicas e políticas dos sindicatos e dos partidos operários, marcam os limites de sua socialização pela ordem (e, portanto, do seu desenraizamento como etapa necessária da transformação capitalista) e instilam o anarquismo, o socialismo e o comunismo no âmbito da negação e superação da ordem existente (não só como a sociedade civil de uma Nação capitalista periférica, mas também – e essencialmente – como a formação social do regime de classes, que impede o desaparecimento das classes, da dominação de classes e do Estado capitalista). Sindicatos e partidos deixam de ser um dos elos de propagação da vontade soberana do capital, de subalternização da massa popular e das classes trabalhadoras, e ganham a condição suprema de meios institucionais de luta dos oprimidos pelos oprimidos e para os oprimidos.

Ao canalizar para um mesmo partido "de frente" todos os segmentos de todas as classes, a ditadura forjou um mecanismo sutil e inteligente para fazer face às transformações que não podia impedir. Ao defender a continuidade desses partidos monstruosos, os notáveis da burguesia e os políticos profissionais da ordem marcham na mesma direção, a de fortalecer a "conciliação de classe" contra uma evolução natural que colocou a luta política dos oprimidos contra os opressores privilegiados e dos trabalhadores contra o capital no centro do palco histórico. É preciso que a vanguarda dos oprimidos e dos proletários, que abriu o seu caminho com dificuldades incontáveis e sacrifícios extremos, forneça os quadros dos intelectuais orgânicos da massa popular insatisfeita e da classe trabalhadora organizada. E que, por essa via, sindicatos, partidos e organizações populares de contraviolência conquistem novos meios de autonomia intelectual e política diante das classes burguesas e de seu sistema de poder. Sem uma socialização política e ideológica antiliberal e contracapitalista – ou seja, especificamente proletária: anarquista, socialista, comunista –, essas entidades terão de gravitar dentro da ordem e servir de correias de transmissão dos interesses e da dominação ideológica do grande capital (*tout court*, pois nessa esfera prevalece a fusão "transnacional" dos interesses globais da burguesia).

A "estratégia" de certos setores da esquerda torna-se, pois, contraproducente e confunde o aleatório com o essencial. "Defender a democracia" é um alvo imediato e que possui relevância especial para os oprimidos e subalternizados. No Brasil, como em outros países da América Latina, é impossível pensar-se em um "salto para a frente" sem a consolidação de um regime democrático que resguarde a liberdade dos trabalhadores e da imensa massa dos mais ou menos espoliados e excluídos. Todavia, uma "transição democrática" pura e simples não constitui, por si mesma, um novo ponto de partida. Ela mantém a democracia de fachada presa a sete chaves nas mãos do arbítrio, escudado e legitimado pelo "constitucionalismo", pelo "eleitoralismo" e pelo "parlamentarismo". Romper o impasse, cortar o nó górdio na esfera política, eis o fundamental. Nesse plano, não há o que *conciliar* e *só existe uma estratégia* – a da luta firme e intransigente por uma forma política de democracia que não seja excludente e exclusiva, que assegure à massa popular dos mais ou menos espoliados e excluídos e aos trabalhadores como classe o direito à revolução (dentro da ordem e contra a ordem). Em um momento de ruptura histórica, a *esquerda* precisa definir-se sem ambigüidades. Com quem ela está? A quem pretende servir? É possível (e necessário) lutar contra o imperialismo sem lutar contra a sufocação da revolução nacional e da revolução democrática?

O "entrismo" e a cooptação dissimulada sob os véus do democratismo constituem formas reais de corrupção política. A hipótese de ajustar a revolução a partir de cima à estratégia de sindicatos e partidos operários revolucionários não é conciliável com a era em que vivemos, na qual as burguesias de todo o mundo estão unidas sob a mesma bandeira de uma contra-revolução preventiva simultaneamente voltada contra o "inimigo interno" e o "inimigo externo". O que fazer nessas circunstâncias? Esperar até que o plano mundial da luta entre capitalismo e socialismo encontre a solução final? Ou confiar em uma estratégia clara e firme de luta política de massa popular e de classe operária por um tipo de revolução democrática que não entra nas cogitações dos círculos burgueses mais "liberais" e "radicais"? Os que afirmam que isso é impossível no Brasil ignoram a realidade (ou as múltiplas realidades) das lutas populares e proletárias. Pelas vias espontâneas e com um concurso oscilante e fraco da esquerda organizada ("ilegal" ou "legalmente"), os de baixo abriram o caminho que nos levou aonde chegamos. Sindicatos e partidos que perfilham um horizonte ativista e se acreditam identificados com o anarquismo libertário, com o socialismo proletário e com o comunismo revolucionário devem sair do compasso de espera e assumir as tarefas políticas que lhes cabem, ultrapassando de uma vez por todas as hesitações e as contemporizações que os converteram em colméias de espectadores ou em núcleos de uma aristocracia burocrática.

Essa passagem, da linguagem expositiva para a judicativa, deve-me ser concedida. Às vezes, os fatos são bastante claros para impor suas significações. Mas eles ainda não são suficientemente fortes para dispensar ilações que transcendem a órbita do concreto. Para captá-los, em conseqüência, é preciso ligar entre si o que é evidente com o que é imanente (e depende de desenvolvimentos futuros, mais ou menos previsíveis). A disjunção entre massa, classe, sindicato operário e partido revolucionário cabe nessa categoria. A proletarização do sindicato e do partido operários caminha com altos e baixos, mas os seus ritmos são ainda ambivalentes e fracos. Os partidos (e os sindicatos, é claro) protegem-se (ou pensam proteger-se) na "legalidade" e, dentro desta, numa relação cooperativa exemplar com a ordem existente. Ao fazerem isso, colidem com os interesses dos oprimidos e dos trabalhadores organizados, com sua função desmistificadora e revolucionária e com o curso da história. Neste momento, este último é o dado imperativo. Massa e classe avançaram até onde poderiam chegar sem meios de luta institucionais próprios (ou com uma utilização pobre e descontínua desses meios de luta próprios). Sindicatos, partidos revolucionários, organizações culturais e de solidariedade são alavancas. Os de cima possuem todas as alavancas de que carecem e, além disso, interferem no uso das poucas alavancas que os de baixo não deixam cair de suas mãos. À esquerda cabe compensar essa limitação, concentrando e centralizando os meios de luta política dos estratos mais decididos e firmes da massa popular e da classe trabalhadora.

Desse ângulo, a substância da *Nova República* pode ser remetida a fatores menos ambíguos e extravagantes. Se a partir de baixo, no vértice de um processo de transformação espontânea da sociedade civil e da rebelião dos oprimidos, se delineia o aparecimento de uma forma histórica de república realmente nova e diferente, e a partir de cima se revela uma tendência a bloquear e pulverizar todo o processo, *qual é o campo de escolha das "esquerdas"*? Seriam elas "livres" para pender para um lado ou para outro e para "esconder o seu jogo"? Ou, numa situação como a brasileira, é inevitável que tenham de arcar com os riscos de escolhas abertas, educativas e ousadas, que poderão introduzir elementos decisivos nos trânsitos da revolução dentro da ordem e retirar do ostracismo as ideologias estigmatizadas dos proletários? As esquerdas revelam um grau indiscutível de maturidade ao aceitarem uma confluência histórica com os estratos mais ou menos liberais e radicais da burguesia. No entanto, transcender essas coincidências de rotas e conceder vantagens estratégicas aos que defendem a *transição democrática* e uma *democracia à brasileira* contra a *revolução democrática* e uma *democracia real* – com uma face burguesa e outra proletária – é ir longe demais. Os sindicatos e partidos operários que perfilham ideologias contracapitalistas e antiburguesas podem desempenhar funções construtivas concretas se souberem gravitar no seio do movimento histórico presente, ajudando a desencantar o parto difícil de um regime político democrático sem dissociar essa tarefa dos ideais maiores do anarquismo, do socialismo proletário e do comunismo revolucionário.

O alvo imediato, no caso, só é essencial na medida em que permita o florescimento dos antagonismos de classes, das lutas de classes e do movimento de auto-emancipação coletiva do proletariado. A "nova república" poderia ser o termo final da história de uma perspectiva burguesa. Para os oprimidos, ela aparece como uma oportunidade histórica e o ponto de partida de sua presença ativa na transformação revolucionária da ordem social existente. Se a revolução (política) dentro da ordem não é burguesa, mas produto de uma interdependência de forças sociais heterogêneas, os seus marcos de referência não são burgueses, mas proletários, isto é, socialistas e comunistas. O futuro, como a revolução, pertence às classes oprimidas e se esclarece por sua atividade política de longa duração.

Constata-se, assim, que as duas faces da revolução não são construções analíticas ou ideológicas. Elas são realidades históricas. Um povo que comprimiu a sua história durante tanto tempo, em virtude de sua origem colonial, do modo de organizar a produção e a sociedade, das sobrevivências negativas e interferentes dessa "tradição a privilegiar os privilegiados", ao se libertar das últimas tutelas libera os oprimidos e sua força revolucionária se irradia por toda a Nação. Esta, pela primeira vez, vê-se face a face com sua natureza íntima de Nação oprimida e reconhece dentro de si uma história nascente e candente, que não vem de fora, mas de dentro e das profundezas daqueles que ficaram por tantos anos reduzidos à impotência e à nulidade social, barrados da condição humana do homem. O que representa uma "nova república" para essa Nação emergente, que deixa de ser o suporte de um sistema arbitrário de *poder estatal*? Um breve instante, aquilo que poderia ter sido uma "transição burguesa" da organização nacional, mas que não chegou a ser e a acontecer. O eixo da história desloca-se para a maioria, para o núcleo central da massa dos oprimidos e da classe dos trabalhadores, que entram na rota da "nova república" pela via tortuosa de sua negação como massa e como classe (feita, simultaneamente, como "conspiração conservadora" e como decisão da maioria parlamentar). Elas se vêem confrontadas pelo mito da "nova república": os de cima insistem em converter o "seu" regime em um regime *conquistado* por todos!... Ora, elas querem uma República Democrática na qual tenham voz ativa e peso efetivo – se aceitam e absorvem a metamorfose da ditadura no seu contrário, infundem tacitamente à "transição" um conteúdo revolucionário que terá de se desdobrar e se evidenciar como e enquanto tal.

Esse é o dilema histórico que a burguesia enfrenta e que não sabe como resolver por "meios pacíficos". Não existe "transição"; o que foi acordado no "mais alto nível" das classes conservadoras, dos políticos profissionais e dos chefes militares que comandavam a República institucional não obriga os que ficaram completamente fora do circuito. Estes exigem aquilo a que "têm direito" e, ao que parece, emergem historicamente cônscios de que "*têm direito a tudo*". A "transição" que traía a revolução democrática evola-se e deixa no lugar a necessidade política da revolução democrática, a qual, por sua vez, ao se concretizar, terá de implodir os antigos regimes aninhados na ordem existente, engendrar uma sociedade civil civilizada e um Estado democrático com dupla polaridade de classe, e produzir, aos poucos, as premissas históricas das revoluções de que os oprimidos são portadores. Eles ainda não são os porta-vozes dessas revoluções. Contudo, assumirão esse papel histórico assim que a difusão do socialismo proletário e do comunismo revolucionário atingir sua consciência social e seu comportamento político coletivo. Cabe às esquerdas desencadear essa ignição e, para isso, precisam sair da hibernação, da propensão a se escudar na colaboração de classe e da tendência a superestimar a "frente legal" e a banir a "luta clandestina". Para atuar eficazmente, as esquerdas deverão refazer os seus roteiros e neles incluir a luta simultânea em duas frentes, o encadeamento dialético das várias etapas da revolução dentro da ordem e da revolução contra a ordem.

As classes burguesas não abrem mão de seus recursos de luta ideológica e política. A mesma coisa deve suceder no nível da massa dos oprimidos e das classes trabalhadoras. A "nova república" é imposta como uma alternativa conservadora e, portanto, como uma "república velha". Mas é maquilada para *parecer* outra coisa e servir ao propósito real de mudar deixando as coisas como estão. As massas oprimidas e as classes trabalhadoras infundem a essa república sangue novo e uma substância democrática que nunca percorreu a cena histórica brasileira. É necessário que as esquerdas entendam esse avanço e desloquem a revolução embrionária do subterrâneo para o espaço dos acontecimentos da história. A experiência nos ensina, hoje, que sem partidos revolucionários não existe revolução. Mesmo as transformações mais ou menos confinadas da revolução dentro da ordem (portanto, da reforma capitalista do capitalismo) requerem a presença e a ação organizada de partidos revolucionários dos oprimidos e dos trabalhadores. Não obstante, é preciso não se contentar com isso. O código socialista e a ótica comunista possuem uma especificidade: as revoluções dos oprimidos e dos proletários começam à revelia disso (e, se for o caso, após ou além disso). A nova república sem aspas é uma premissa histórica, mas não da revolução proletária. A premissa histórica da revolução proletária é a instauração do socialismo, a criação de condições econômicas, sociais e políticas que permitam o advento do comunismo.

Pode-se (e deve-se) omitir tais considerações na discussão da *Nova República* (admitindo-se que a história não se repita desta vez...). Não obstante, julguei que devia mencionar esses pontos porque eles são incisivamente pedagógicos. Os partidos de esquerda já podem adotar uma ótica política revolucionária madura, ultrapassando a fase de "aprender com os erros cometidos". Seria bom que se principiasse a aprender com os acertos possíveis, rompendo-se com as querelas escolásticas, com os dogmatismos importados, com as estratégias e as táticas cerebrinas. A massa oprimida e a classe trabalhadora possuem uma identidade e uma idade que são marcadas pela história do Brasil e da América Latina. Não logramos reproduzir as repúblicas burguesas de outros povos, também não lograremos repetir as revoluções proletárias de outros povos, principalmente os que estão definitivamente fora dos marcos das Américas de "origem" espanhola e portuguesa. O que a "nova república" nos ensina é que a burguesia falhou (e continuará falhando, já que o componente imperialista destrói até o elemento reformista mais brando do desenvolvimento capitalista, qualquer que seja a intensidade e qualquer que seja o volume da modernização da economia, da sociedade e do Estado). Onde a burguesia falha, a alternativa histórica procede do socialismo, da revolução proletária e das vias íngremes do "socialismo de acumulação". Uma nova república sem aspas pode ser o ponto de partida de uma evolução desse tipo, na qual o papel histórico mais saliente (e formoso) dos oprimidos e dos proletários consiste em libertar a história dos constrangimentos burgueses, dos impasses da democracia dos mais iguais e das impossibilidades crônicas das "reformas no papel".

Sobre o Autor

FLORESTAN FERNANDES nasceu na cidade de São Paulo em 1920. Embora seu curso primário tenha sido interrompido pela necessidade de trabalhar e ajudar a família, alcançou os mais altos títulos em sua carreira universitária. Tornou-se mestre em ciências sociais pela Escola Livre de Sociologia e Política em 1947, doutor em ciências em 1951, livre-docente em 1953 e catedrático em 1964, títulos obtidos pela Faculdade de Filosofia, Ciências e Letras da USP. Lecionou nesta mesma Faculdade de 1945 a 1969, quando foi afastado sob aposentadoria compulsória por aplicação do Ato Institucional nº 5. No exterior, foi "visiting scholar" na Universidade de Columbia (EUA) em 1965-66 e professor de sociologia, como "Latin American in Residence", depois efetivado como titular, na Universidade de Toronto (Canadá) de 1969 até fins de 1972 quando renunciou para voltar ao Brasil, retornando aos Estados Unidos em 1977 como "visiting professor" na Universidade Yale. Desde 1978 é professor titular da PUC de São Paulo.

A colaboração na imprensa diária foi iniciada em 1943, chegando a ter continuidade, por longo tempo, nos jornais *O Estado de São Paulo* e *A Folha da Manhã* e, a partir de 1983, na *Folha de S. Paulo*. É autor de obra muito extensa, da qual destacamos: *A questão da USP* (Brasiliense, 1984); *A ditadura em questão* (T.A. Queiroz, 1982); *Brasil: em compasso de espera* (Hucitec, 1980); *Poder e contra-poder na América Latina* (1981), *Capitalismo dependente e classes sociais na América Latina* (1973, 3ª ed. 1981), *A revolução burguesa no Brasil* (1975, 3ª ed. 1981), *Sociedade de classes e subdesenvolvimento* (1968, 4ª ed. 1981) e *A sociologia numa era de revolução social* (2ª ed. 1976), estes últimos publicados por Zahar Editores. Vários de seus livros estão traduzidos para o inglês, francês, espanhol ou alemão.

Nesta mesma coleção...

BRASIL OS ANOS DE AUTORITARISMO
análise · balanço · perspectivas

O GRANDE SALTO PARA O CAOS

A Economia Política e a Política Econômica do Regime Autoritário

Maria da Conceição Tavares e J. Carlos de Assis

Uma crítica em profundidade do processo de internacionalização financeira da economia brasileira nos últimos 20 anos. Sob a ordem política autoritária, exacerbada com o AI-5, o crescimento econômico tornou-se a ideologia do Estado, enquanto milhões de brasileiros eram segregados pelos mecanismos de concentração de renda dos frutos do desenvolvimento – porém não de seus custos, repartidos solidariamente sob forma de encargos lançados também às gerações futuras. Como assinalam os autores:

"A essência da política econômica do regime autoritário, subordinada à concepção internacionalista da economia política global, fundou-se no pressuposto equivocado de que o sistema financeiro internacional funcionaria 'normalmente' como poço sem fundo de créditos, até o fim dos tempos. A arte dessa política resumira-se a criar e expandir as condições de integração da economia brasileira no mercado de dinheiro 'barato', cujas forças naturais deveriam financiar o desenvolvimento nacional. Em vez disso, o que se verificou foi a perda completa de autonomia da política econômica e a dolarização do sistema financeiro privado e do sistema de empresas públicas, que terminaram por conduzir o país ao atual encilhamento financeiro, externo e interno."